Vte JEAN D'USSEL

EXCURSIONS

ET

SENSATIONS PYRÉNÉENNES

CIMES ARIÉGEOISES

Ouvrage orné de 31 gravures d'après les photographies de l'auteur

PARIS
LIBRAIRIE PLON
PLON-NOURRIT ET Cie, IMPRIMEURS-ÉDITEURS
8, RUE GARANCIÈRE — 6e

EXCURSIONS

ET

SENSATIONS PYRÉNÉENNES

CIMES ARIÉGEOISES

PARIS. TYP. PLON-NOURRIT ET Cie, 8, RUE GARANCIÈRE. — 2224.

Vte JEAN D'USSEL

EXCURSIONS

ET

SENSATIONS PYRÉNÉENNES

CIMES ARIÉGEOISES

Ouvrage orné de 31 gravures d'après les photographies de l'auteur

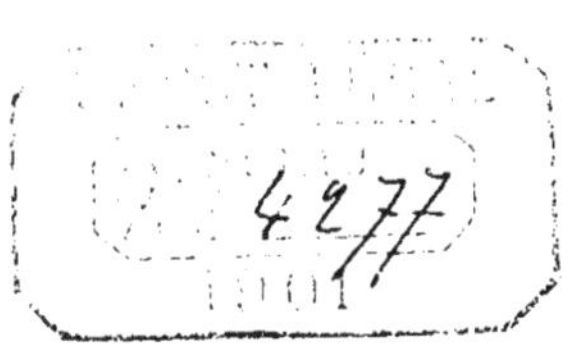

PARIS
LIBRAIRIE PLON
PLON-NOURRIT ET Cie, IMPRIMEURS-ÉDITEURS
8, RUE GARANCIÈRE — 6e

Les quelques pages qui suivent sont de simples notes écrites le soir de mes ascensions dans les griseries des retours. Elles disent les grands pics, les régions traversées, les pensées fortes suggérées par leurs spectacles et les sensations éprouvées à leur contact.

Longtemps j'ai hésité à les offrir au public. Ce n'est que sur les conseils de mes amis que je me suis décidé à les faire paraître, dans l'espérance qu'elles serviraient à mieux faire connaître cette région ignorée des grandes Pyrénées.

C'est pour les coureurs de sommets qu'elles ont été écrites : c'est à eux que je les dédie.

31 décembre 1900.

EXCURSIONS

ET

SENSATIONS PYRÉNÉENNES

L'HOSPITALET. PORTÉ

L'Hospitalet! que de souvenirs ne nous rappelle-t-il pas, ce village pyrénéen perdu au fond de son cirque de pâturages à 1,436 mètres d'altitude. Pour les baigneurs d'Ax, l'Hospitalet, c'est souvent tout ce qu'ils voient des grandes Pyrénées; c'est là qu'ils se donnent l'illusion d'une journée passée aux hautes altitudes; c'est un village de montagne, très loin et très haut; c'est presque le bout du monde, car de là, en dix minutes, on passe en Andorre... Pour nous, au contraire, c'est un point de départ, un centre d'ascensions d'où nous partons le matin avec nos bâtons, nos sacs et nos gros souliers, et où nous rentrons le soir, brûlés par le soleil, blancs de poussière, mouillés de sueur; c'est un point de ravitaillement en même temps qu'un lieu de repos qui nous permet de garder plus longtemps le contact de la montagne; c'est une transition entre les grandes solitudes et le mouvement de notre vie ordinaire...

C'est là aussi que nous trouvons notre guide habituel, le brave Pierre Marfaing, un pâtre, avec lequel nous avons passé bien des journées dans les hautes régions. Une longue suite de difficultés vaincues ensemble, une longue série de dangers partagés, ont fait naître entre nous des sentiments d'attachement d'un ordre spécial : l'amitié d'une part, le dévouement de l'autre.

Le soir à l'Hospitalet, on est à table, seul avec son guide dans la grande salle de l'hôtel Soulé. On dîne en causant de la course prochaine. On est tout heureux de se retrouver et de pouvoir parler de la grande montagne entre gens qui se connaissent et qui savent qu'ils pourront compter le lendemain absolument l'un sur l'autre. On se raconte les dernières nouvelles; on parle des pics récemment faits; des difficultés que l'on aura à surmonter; on déplie les cartes et l'on discute les itinéraires à suivre.

9 heures. — Une dernière promenade pour examiner le temps : « Il fera beau demain; » — et puis on rentre. « A demain 5 heures moins 1/4, » tels sont les derniers mots échangés; la porte se ferme; quelques pas encore dans l'escalier : et l'on se déshabille, pressé que l'on est d'aller se mettre dans des draps bien blancs.

5 heures moins le 1/4. Un bruit de marteau à la porte. Allons, debout! La toilette est vite faite, et en route!

Il s'agit aujourd'hui d'aller à Porté en passant par le pic Sabarthès ; une simple promenade d'entraînement qui nous permettra de nous dérouiller les jambes et de flâner sur les hauts pâturages.

Nous prenons au-dessus de l'Hospitalet, parmi les chemins forestiers du périmètre de reboisement, ceux qui se dirigent vers le col de Puymaurens. Nous atteignons ainsi, sans fatigue, la cote 2,100 mètres. Il ne nous reste plus ensuite qu'à monter droit au pic par des pâturages et des éboulis. Tout cela n'est qu'un jeu.

Le sommet, à 2,549 mètres, est un véritable observatoire qui permet d'étudier la configuration générale de la région et de faire des projets pour de nouvelles courses.

Devant nos yeux et au sud se déroule toute la vallée de la Haute-Ariège jusqu'aux ports de Saldeu et d'Emballire avec les pics d'Emballire et de Font-Nègre. Plus loin, les grands sommets andorrans de l'Estanyo et du Casamanya montrent leurs têtes nues. A l'ouest, ce sont les superbes roches de la haute vallée du Sisca avec leurs crêtes fantastiques et bizarrement découpées ; puis les massifs de l'Albe et du Rulle qui ont très grand air. A nos pieds, nous voyons s'ouvrir le col et la vallée de Carol. Au sud-est, nos regards se promènent sur de grands plateaux, les hauts pâturages du Campcardos et le pic du même nom.

Mais les heures passent ; il fait si bon se chauffer au soleil sur des pierres comme de grands lézards ! Il faut pourtant songer à la descente sur Porté. Cette descente se fait sur les pâturages du port de Puymaurens. On flâne ; on ramasse des fleurs ; on cause ; on s'assoit pour rouler des cigarettes ; on arrive ainsi au torrent d'En Garcias que l'on saute sur des pierres plates ; on longe des granges abandonnées et l'on débouche enfin sur la route nationale à côté de la cantine du port.

Porté est à nos pieds. Vingt minutes par le vieux chemin suffisent pour atteindre ce village cerdan (1,628 mètres). Là, un homme grand, à teint bronzé et à forte moustache, portant un vêtement de velours marron et la petite casquette noire cerdane, nous attend : c'est le pêcheur de l'étang de Lanoux, le guide du Carlitte que nous avons retenu. « C'est vous, les touristes ? » nous dit-il. — « Oui ; » d'ailleurs avec notre équipement nous sommes facilement reconnaissables ; et il nous conduit à l'hôtel.

Combien on se trouve loin du monde dans cet hôtel primitif de Porté ; c'est une ferme plutôt qu'un hôtel. Le mur d'enceinte de la cour franchi, on a devant soi un bâtiment rectangulaire avec des étables. Entrons pourtant, nous pénétrons d'abord sous un hangar sur le côté duquel monte un vieil escalier roide et sombre ; cela sent étrangement l'Espagne. Au-dessus de la porte, une fenêtre permet de jeter un coup d'œil sur les étrangers. D'ailleurs on nous entend facilement monter avec notre attirail alpin ; les clous de nos souliers crient sur les marches de pierre, pour lesquelles ils ne sont nullement faits. La porte ouverte, nous pénétrons dans une vaste cuisine éclairée par une seule fenêtre et remplie de femmes. Il y en a de vieilles et de jeunes; toutes nous reçoivent avec un joli sourire découvrant leurs dents blanches, et avec la grâce particulière des cerdanes : « Entrez ici, messieurs, » disent-elles, nous invitant à nous rafraîchir; et elles nous introduisent dans une seconde pièce occupée en ce moment par des gens qui fument et qui boivent. Nous demandons du café et de l'eau, puis nous commandons à dîner.

Nous soupons ici avec les guides et nous faisons nos préparatifs pour le lendemain. C'est au Campcardos que nous devons aller : « Vous connaissez le Campcardos? » dis-je au guide de Porté. « Je sais où il est, mais je n'y suis jamais allé. » Ainsi donc, à demain 4 heures moins 1/4.

Avant de nous coucher, nous faisons un tour dans le village. Nous jouissons du spectacle du lever de la lune éclairant de ses premiers rayons les solitudes de la pique du Col Rouge et ses neiges.

Ces levers de lune sur la montagne me font toujours éprouver une douce émotion. La nature prend sous cette lumière pâle des teintes incomparables, les neiges resplendissent d'un éclat qui pénètre l'âme d'une sorte de tristesse. On est fortement impressionné par ce paysage lunaire : on se croirait transporté dans un monde irréel et fantastique...

PIC DE CAMPCARDOS

(2.914 mètres.)

Le 3 juillet 1898, à 3 heures et demie, lever. Nous nous habillons à la lumière des chandelles ; nous absorbons rapidement une tasse de café, nous chargeons les sacs, et puis, en avant.

C'est d'abord la route nationale de Porté à Porta que nous suivons. A la fraîcheur du matin nous marchons très vite ; nous sommes pressés d'abandonner les grandes routes fréquentées pour retrouver les vastes solitudes. Aussi ne mettons-nous que trois quarts d'heure pour faire les 6 kilomètres qui séparent Porté de Porta. Là, nous prenons à droite le sentier de la Porteille Blanche d'Andorre sur lequel nous nous engageons résolument.

Le jour se lève petit à petit, et nous voyons un grand pic noir se dresser devant nous et sortir de l'ombre dans lequel il était plongé. Oh ! ce premier contact avec la montagne, comme il est attachant ! On se passionne pour les formes que l'on voit ainsi surgir devant soi dans la pénombre du matin. Aux lumières diffuses de cette heure matinale, les contours ont des silhouettes étranges, les rochers semblent extraordinairement grands, les à-pics plus redoutables. Rien ne bouge encore ; l'esprit n'est pas distrait par la multiplicité des bruits de la journée : c'est le sommeil de la nature, sommeil si voisin de la mort dont il évoque l'idée ; malgré lui alors, l'homme se recueille et pense aux au-delà et aux infinis...

Et puis, petit à petit, le soleil se lève ; il dore la cime des grands pics et aussitôt la vie reprend partout : les animaux remuent, les couleurs éclatantes reviennent aux grandes Pyrénées, et les sombres pensées disparaissent avec elles. On est tout heureux de se sentir revivre, et cette minute d'angoisse inexprimable qui accompagne le lever du jour disparaît aussitôt. Les pics prennent leur aspect naturel ; ils paraissent moins grands et moins hauts, ou plutôt l'homme se sent plus grand et plus capable de vaincre les difficultés qu'ils lui présenteront.

Il est pourtant réellement fantastique ce pic que nous avons devant nous au bout d'un cirque rocheux dont plusieurs pointes ont d'ici des aspects effrayants. Toute cette région est très déchiquetée ; les crêtes sont découpées en dentelures bizarres, les rochers montent droit au ciel en une succession de *gendarmes*.

« Voici le Campcardos, » dit le guide de Porté en nous montrant un rocher dans le fond du cirque. Je ne sais pourquoi, j'ai un doute sur ce dire et je consulte la carte ; une simple inspection me prouve que nous ne sommes pas en présence du Campcardos. « Certainement non, le Campcardos est évidemment dans le massif, mais sûrement ce rocher n'est pas lui. D'ailleurs, nous allons bien rencontrer une cabane de bergers et nous demanderons des renseignements. »

Et dire que cet homme nous avait assuré qu'il nous ferait arriver au Campcardos!...

Nous continuons donc à monter le chemin de la Porteille qui suit la vallée de Campcardos, très triste avec ses grands éboulis de pierrailles qui partent du sommet des pics pour arriver au torrent qui coule dans son fond. Nous atteignons ainsi la cote 1,986 mètres, où se trouve une cabane de pâtres, *une jasse,* comme l'on dit dans la région.

« Eh, camarade! » crie notre homme. Nous voyons sortir le vacher, qui nous apprend que le pic que nous avons devant nous est le pic de Peyre-Fourque. Quant au pic de Campcardos, il ne le connaît pas.

Nous lui demandons alors de nous indiquer le Puig Pedros, ce pic étant à côté de celui dont nous voulons faire l'ascension; il nous montre le côté gauche du fond du cirque du Peyre-Fourque, mais il nous conseille pour arriver au pied de ce pic de contourner le cirque par derrière. Pour cela nous remonterons la vallée de Campcardos, puis, après les étangs que nous rencontrerons, nous tournerons à gauche et prendrons une vallée secondaire qu'il nous faudra suivre jusqu'au col du sommet : la Porteille des Maranges.

« Merci, » et nous voici de nouveau en route.

Cet itinéraire qui nous fait longer les bases du pic de Peyre-Fourque ne manque pas d'intérêt. Nous disséquons chaque face de ce pic formé d'une succession de couloirs plus ou moins herbeux, séparés par une infinité d'obélisques de granit. Les saillants de chaque arête présentent des formes extrêmement variées; on se demande comment ces aiguilles de pierres peuvent résister aux assauts furieux du vent, de la gelée et de la foudre. Elles résistent évidemment, mais bien peu. Les chaos énormes que nous voyons s'accrocher aux flancs de la montagne sont les témoins de cette force destructive de notre monde qui aboutira fatalement à un aplanissement final. Dans combien de siècles ce phénomène se produira-t-il? Homme, nous ne pouvons que poser le problème sans même essayer de soulever un coin du voile qui cache ce mystère!...

Bientôt le chemin traverse le torrent et nous côtoyons le petit lac de Las Passaderas qui dort dans sa cuvette de granit, à côté des éboulis géants provenant des sommets qui l'entourent.

Nous longeons, après la base du pic de Peyre-Fourque, celle des rochers qui forment son cirque. Elles sont admirablement belles, les arêtes de cette crête; à cette heure matinale elles se découpent en lignes nettes sur le bleu profond du ciel. Le versant qu'elles nous montrent est tout noir n'étant pas encore éclairé; les rochers ont des teintes sombres et luisantes; les couloirs sont pleins de neige blanche. Ce noir, ce blanc et ce bleu du ciel, quelles couleurs! Ce sont là les grandes Pyrénées...

Il est 8 heures; il faut pourtant songer à « casser la croûte »; déjeuner sommaire, composé invariablement de pain et de jambon, le tout arrosé d'un peu de vin bu à même des gourdes en peau de bouc; déjeuner tout espagnol.

Un chaos granitique entrecoupé de rhododendrons s'offre à nous et nous présente des sièges, aussi nous en profitons. Ces premiers déjeuners sont toujours tristes ; le rude labeur de la journée n'est pas encore commencé ; on est pressé de reprendre la marche, et en même temps inquiet sur la réussite finale de la course. Aussi les sacs sont vite rebouclés, et en avant!

La vallée de la Porteille des Maranges que nous suivons est formée d'une succession de terrasses rocheuses et de pâturages entrecoupés par des chaos de granit qui descendent des pics voisins. A notre gauche, toujours le revers du cirque de Peyre-Fourque ; à notre droite, de grands rochers luisants et des taches de neige. Nous marchons droit au port que nous voyons s'ouvrir en face de nous au haut d'un éboulis. Nous passons ainsi au pied d'un rocher du cirque qui est impressionnant. Il se dresse sans une saillie, sans une corniche ; le granit qui le forme est un seul bloc qui part du sommet coté 2,661 mètres à la carte d'état-major, et arrive au thalweg, barométré 2,320 mètres. C'est le plus bel à-pic que je connaisse ; mes guides s'arrêtent spontanément à cette vue : « Quel château ! » s'écrient-ils, « Biettasé ! » Nous ne pouvons nous empêcher de nous asseoir pour regarder et examiner plus attentivement ce rocher formidable. Devant nous, il tombe à pic de 300 mètres au moins : ses deux autres faces dominent la crête de 200 mètres. Quel spectacle ! que l'homme se sent petit quand il est ainsi dominé par la montagne ! Eh bien, malgré ce sentiment, je me sens captivé et impressionné par ce redoutable à-pic. Il vivra désormais en moi, je le retrouverai partout la nuit et le jour, quand mon imagination me reportera du monde civilisé vers les régions des grandes solitudes. Il est si beau, immobile et immuable dans son cirque! il est si vertical que sa vue seule donne le frisson! il est si triste avec sa paroi granitique sombre et micacée! il est si solitaire perdu dans ce coin des vieilles Pyrénées, échappant aux yeux des profanes et contemplé seulement par les grands montagnards qui s'appellent les pâtres et les contrebandiers!

Maintenant c'est le port qu'il faut escalader, montée fatigante à cause des éboulis, mais montée facile. Vue médiocre du côté espagnol sur des montagnes formées d'éboulis tout rouges qui vont se perdre dans des étangs très tristes. Du côté français, la vue est plus variée, mais la région est excessivement désolée; et toujours cet immense rocher sur lequel nos yeux reviennent constamment. Son versant nord présente quelques corniches herbeuses; peut-être pourra-t-on par là violer cette terre vierge!

Les deux versants du port sont faciles; des crêtes arrondies montent à droite au pic Tosetta de la Esquella, à gauche au Puig Pedros.

Montée rapide à gauche, en suivant la crête qui surplombe le cirque de Peyre-Fourque jusqu'à un grand pâturage en forme de plateau. Du milieu de ce plateau émergent deux cônes formés de blocs énormes de granit, divisés en lamelles; [jamais encore je n'avais vu du granit ainsi divisé;] on dirait des feuilles de joubarbes gigantesques, ou les ruines de constructions édifiées par les mains puissantes de quelque cyclope. Ce sont là, les deux pics de Puig Pedros (2,910 mètres) et de Campcardos (2,914 mètres) qui portent l'un et l'autre une tourelle. Quelle déception, pour nous qui comptions sur une course émouvante!

Malgré notre dépit, il faut faire bonne figure à nos pics. Admirons le panorama : à nos pieds et au nord, la planelle du Campcardos déroule ses pâturages verts à 100 mètres au-dessous ; des lacs, des petits étangs occupent une partie de cette région marécageuse sur laquelle nous voyons paître des juments espagnoles ; plus loin, les grandes masses du Carlitte, du Puig Peric, des montagnes d'Orlu s'estompent dans les vapeurs qui accompagnent l'éclairage trop intense d'un soleil de midi.

A l'est, le Canigou, le Puigmal, la Cerdagne tout entière, depuis Olette jusqu'à Puig-Cerdà, dont les maisons blanches sont facilement reconnaissables, forment notre horizon.

Au sud, la Sierra de Cadi peut être facilement étudiée. Puis à l'ouest, nos cœurs pyrénéens battent avec respect : les glaciers de la Maladetta et du Perdighero se détachent en blanc éclatant sur le bleu limpide du ciel ; plus près, les géants ariégeois, le Montcalm et la Pique d'Estats, gardent encore une ligne de neige importante dans le couloir de Rioufred.

Nous passons ainsi deux heures sur ce sommet, nous reposant et nous chauffant aux rayons éclatants des hautes altitudes.

Maintenant il faut songer au retour. On jette un dernier coup d'œil sur le panorama que l'on a devant soi; on reprend ses charges; on va voir la tourelle dans laquelle on met sa carte, à côté de celles qui y sont déjà : ce sont toutes des cartes à noms espagnols !...

Par où descendrons-nous? par le chemin de la montée? ou bien par la planelle? ou bien encore tout droit dans le cirque de Peyre-Fourque, par les cheminées? Essayons les cheminées. Elles n'ont pas l'air bien redoutables, malgré leurs pentes.

Ces cheminées sont formées de sables, de pierrailles et de rochers; elles sont larges et ont des pentes très rapides entre leurs deux parois rocheuses tailladées en obélisques. La seule précaution à prendre est de descendre très près l'un de l'autre pour éviter les chutes de pierres. Nous arrivons ainsi sur une tache de neige qui impose une glissade, et nous atteignons enfin le cirque de Peyre-Fourque.

Rien ne peut donner l'impression de ce cirque : dans le fond, des chaos énormes, où les rochers s'amoncellent sur les rochers, les blocs sur les blocs : et puis, pour encadrer cette immense cuvette, tout autour des crêtes fantastiques parmi lesquelles le rocher, « mon rocher, » dont nous avons longé pendant la montée le versant sud. Le versant nord, soigneusement examiné, pourra peut-être un jour être tenté sans trop de témérité. — Nous verrons.

Il nous faut traverser tous ces chaos pour sortir du cirque; marche lente et fatigante. A une heure et demie nous dévalons vite sur des rhododendrons, ici très épais, les pentes du ressaut de tête du cirque, et nous trouvons enfin de l'eau : (source excellente (2,000 mèt.) ; la première depuis le matin.) Nous arrivons ainsi sur notre chemin du matin, à la hauteur de la *jasse*.

Maintenant le soleil tombe étouffant sur cette vallée du Campcardos ; pas un arbre, rien que des gazons brûlés et des rochers, et toujours le chemin caillouteux et pierreux. On a beau se retourner de temps en temps pour jeter un dernier coup d'œil sur les hautes régions que l'on vient de quitter, pour prendre encore une fois une dernière impression, on descend vite, trop vite, vers les régions civilisées et peuplées. On voudrait, malgré la fatigue, vivre encore et plus longtemps dans ces hautes solitudes, libre de tout souci, face à face avec la montagne. Aussi l'on se retourne continuellement, sans pouvoir se résigner à lui dire un dernier adieu.

Nous arrivons cependant rapidement à Porta, que nous laissons à notre droite, et nous remontons la fastidieuse grande route de Porté. La fatigue et la chaleur rendent notre caravane silencieuse ; pourtant nous marchons très vite. Après cette course de treize heures, la marche est devenue pour nous un acte automatique, nous marchons sans nous en apercevoir. Enfin, voici Porté et son hôtel.

« Vous devez être bien fatigués, demandent toutes les femmes, vite venez vous rafraîchir. » Elles vous disent cela, ces jolies Cerdanes, d'une voix douce et délicieusement timbrée, et puis rient d'un si joli rire ! Aussi ne pouvons-nous résister au désir de nous reposer. Il n'est que 3 heures ; deux heures nous suffiront pour rentrer à l'Hospitalet; pourvu que nous y soyons à 7 heures; et nous fumons et nous buvons dans cette salle d'auberge. Après notre course rapide du matin, ce repos nous est bien permis.

PIC DE PEYRE-FOURQUE (1)

(2,620 mètres?)

Le 19 juillet de l'année suivante, avec mon guide Pierre Marfaing, nous sommes de nouveau à Porté; notre objectif est le pic de Peyre-Fourque.

Le trajet de l'Hospitalet à Porté se fait comme l'année précédente, en flânant sur les pâturages de la coume d'En Garcias. Nous arrivons de bonne heure à l'hôtel Michette, où l'on nous reconnaît. « Les étrangers qui courent la montagne et qui ne vont ni au Carlitte ni au lac Lanoux, » tel est le nom que l'on nous donne : nous passons pour des originaux, car le Carlitte et surtout le lac Lanoux sont les seuls points de la région un peu visités. Et ces braves gens ne comprennent pas comment l'on peut voir autre chose... Quel crime que d'habiter si près de la haute montagne et de ne pas la connaître davantage!

Il est de bonne heure; faisons un tour dans ce village cerdan construit en pierres noires, desservi par des ruelles étroites pavées de petits cailloux plats et noirs. Au milieu de ce décor circulent des hommes fortement hâlés et brunis, en vêtements sombres; puis

(1) Pic non marqué sur la carte d'État Major.

des femmes et des filles en foulard noir, blanc ou jaune, de provenance espagnole, qui nous regardent curieusement, nous jettent en passant des mots étrangers : « salutos », ou bien « buenas tardes », et rient aux éclats. Oh! quel joli rire sort de ces gorges fraîches!

PIC DE PEYRE-FOURQUE

comme il monte hardiment vers le ciel, portant avec lui la joie de vivre!

Nous nous engageons dans la vallée de Font-Vive pour revoir devant nous les premiers contreforts du Carlitte et du pic du Col Rouge et, derrière nous, les hauts pâturages de Campcardos que nous saluons comme une vieille connaissance.

Le soir, à table, la conversation devient sérieuse : emporterons-nous une corde? Nous sommes encore pleins des récits de l'ascension de Lequeutre, et du guide Joanne qui ne recommande ce sommet qu'à des grimpeurs éprouvés. Je voudrais la corde, car il serait ridicule d'être venu à Porté si nous devions le lendemain faire demi-tour faute de cette aide. Marfaing, d'après ses souvenirs de l'an passé, prétend que la corde est inutile; bref, on la laissera et on montera par le côté des étangs de las Passaderas, la montée du côté du cirque nous semblant un jeu d'enfant.

Le lendemain 20 juillet, départ à 4 heures. Le temps est superbe, la nuit est sereine, les étoiles brillent.

Nous marchons vite, car nous sommes peu chargés : Marfaing porte le sac, qui ne renferme que les déjeuners; moi, l'appareil de photographie; deux bâtons ferrés complètent notre attirail.

Nous descendons ainsi rapidement les 4 kilomètres de route nationale qui nous séparent de Porta. Là, nous traversons le torrent de la Sègre de Carol et nous nous engageons sur le chemin caillouteux de la Porteille Blanche. Le jour se lève de plus en plus, et le Peyre-Fourque nous apparaît bientôt avec ses rochers tout noirs.

Arrivés à la hauteur de la cabane de la *jasse* des vaches, nous tenons conseil. Le pic, au moins dans sa partie basse, nous présente une succession de couloirs herbeux, à pentes très redressées, séparés par des arêtes rocheuses; évidemment, c'est par un de ces couloirs qu'il faut monter; mais lequel? car du pied du pic, nous n'apercevons plus le sommet. Un de ces couloirs à peu près au-dessus de l'étang de las Passaderas nous paraît devoir monter plus haut que les autres : nous nous décidons pour celui-là.

Nous traversons donc le torrent pour gagner un gros rocher derrière lequel notre couloir semble déboucher.

Une rapide montée sur des rhododendrons et sur de la neige nous conduit près de ce rocher; là, nous ouvrons les sacs pour déjeuner; il est 6 heures 1/2, le baromètre donne 2,100 mètres.

A 7 heures, la marche est reprise, sur un cône d'éboulis à pente très redressée, jusqu'au bas de la cheminée 2,260 mètres. (7 heures 20.)

Nous attaquons immédiatement le couloir qui, dans le bas, est très resserré, et dont le fond est formé de rocher et d'herbe; ici les bras servent presque autant que les jambes; la pente est telle que nous nous élevons de 200 mètres en trente minutes. Puis le couloir s'élargit et se termine en un plateau à pente plus douce. Nous montons ainsi jusqu'à la cote 2,530 mètres environ, où nous arrivons à un col qui sépare un contrefort du pic du pic lui-même.

Cette arête nord du Peyre-Fourque est très déchiquetée, et présente une succession de *gendarmes* du plus bel effet. Le pic se dresse à notre droite. Pour arriver à sa base, il nous faut longer le pied de l'arête. Cette marche de flanc s'exécute très facilement. Nous atteignons ainsi le bas de la pyramide terminale, rocher granitique coupé de-ci de-là par quelques corniches d'herbes. Il nous faut dès lors chercher un chemin sur ces corniches pour arriver au sommet. Il y en a un qui coupe en biais toute la pyramide, il nous mènerait de l'arête nord à l'arête ouest, et nous ferait revenir en-

CHEMINÉES DU CAMPCARDOS
Prises du sommet du pic de Peyre-Fourque.

suite un peu sur le versant nord-ouest, ou tout au moins sur l'arête nord que l'on pourrait tâter. Cette voie réunit nos suffrages et nous allons partir par là, quand je propose de monter tout droit. Le rocher présente une succession de légères aspérités et de touffes de gazon par places sur lesquelles il me semble que l'on peut se cramponner. « Oui, me dit Marfaing, mais il y a une grosse pierre blanche sur laquelle il nous faut passer;

PIC DE PEYRE-FOURQUE
Pris du chaos de Peyre-Fourque.

je ne sais comment nous ferons. — Essayons, nous verrons bien. »

Nous montons donc droit devant nous avec la pierre

blanche comme objectif; car c'est le seul passage qui semble praticable pour franchir une muraille verticale.

L'ascension se fait par cette voie plus facilement que nous ne l'aurions supposé; la pierre blanche même présente deux saillies imperceptibles, qui permettent de placer le genou et une phalange des doigts, et par conséquent de monter plus haut; la pente devient moins roide; et à 9 heures nous débouchons avec des hourras sur la crête.

Mon baromètre donne 2,620 mètres; le guide Joanne attribue au Peyre-Fourque 2,767 mètres. Sans vouloir critiquer la cote donnée par cet auteur, je la crois trop forte; car le rocher vertical du fond du cirque de Campcardos que nous avons longé l'année précédente me semble plus haut que le Peyre-Fourque et est coté à l'état-major 2,661 mètres.

Le Peyre-Fourque est une arête granitique de 2 mètres de largeur environ courant du nord-ouest au sud-est, formée de blocs dans un état d'équilibre plus ou moins stable; cette arête présente, à ses deux extrémités, deux pointes plus élevées; chacun de ces sommets porte une tourelle.

La vue en est très limitée, le pic étant environné de toute part par des montagnes plus hautes. A signaler pourtant le cirque de Peyre-Fourque lui-même dont les *gendarmes*, les à-pics complètement dominés forment un enchevêtrement de rochers des plus bizarres. Au sud, le rocher vertical, coté 2,661 mètres, attire de nouveau nos regards : nous reconnaissons le Campcardos, le Puig Pedros, la cheminée descendue l'année précédente et qui est, cette année, encore pleine de neige; puis, le pic d'Encorbs, la Tosetta de la Esquella, la Porteille Blanche et, par derrière, des pâturages andorrans tout brûlés; à l'ouest, le massif en ruine de la haute Ariège, avec les deux pitons du pic de Font-Nègre; au nord-ouest, le massif du Carlitte nous apparaît dans une demi-vapeur qui est la compagne inséparable des grands horizons de montagne quand le temps est au beau.

Mais il faut songer à la descente. Nous jetons un coup d'œil sur le précipice sud que Lequeutre qualifie un des plus effrayants de toute la chaîne. Il est effrayant en effet, mais ne nous semble pas inaccessible; une cheminée même nous paraît à la rigueur pouvoir être montée, et peut-être descendue...

Quoi qu'il en soit, nous descendrons par le même chemin. C'est sans difficulté que nous arrivons jusqu'au pied de la pyramide terminale. Là nous voulons essayer une nouvelle cheminée.

Nous examinons donc un couloir à pente vertigineuse, à fond formé de pierrailles mouvantes qui sont maintenues en place par des ressauts de rochers, encaissé entre deux lignes de granit qui se détachent et se découpent en mille dentelures. « Bah! si c'est trop mauvais, nous ferons demi-tour, me dit Marfaing. » La descente commence; nous avons soin de nous tenir le plus près possible l'un de l'autre pour éviter les chutes de pierres. Nous descendons ainsi environ

200 mètres. Quand le ressaut du rocher est impraticable, nous nous rabattons sur les parois du couloir; presque toujours alors, nous trouvons de petites aspérités permettant de passer, et nous passons. Puis le couloir change complètement de nature; il s'ouvre dans

PICS DE FONT-NÈGRE
Pris du sommet du Peyre-Fourque.

le rocher lui-même. Au bout d'une heure d'exercices pénibles et variés, nous débouchons sur un chaos granitique fatigant et sur des rhododendrons. Une demi-heure après, nous sommes sur les bords de l'étang de las Passederas.

Nous retrouvons là le chemin de la Porteille Blanche. Il est 11 heures et demie; il faut chercher un emplacement pour déjeuner. Nous déjeunons sur les bords du ruisseau de Campcardos, ce qui nous permet de mettre le vin et les boîtes de conserves dans l'eau, et de nous chauffer au soleil en attendant qu'elles se rafraîchissent (2,060 mètres).

A 1 heure et demie, nous nous remettons en marche, tout joyeux d'avoir fait le Peyre-Fourque, auquel nous sommes loin de reconnaître les difficultés qu'on lui attribue. Aussi, malgré la chaleur accablante, dévalons-nous rapidement l'horrible chemin de la Porteille Blanche. A 4 heures, nous faisons notre entrée à Porté, ruisselants de sueur, noirs du hâle de la grande montagne : le soir même, à 7 heures, nous rentrons à l'Hospitalet.

PICS PÉDROUS

(2,831 et 2,828 mètres.)

Une troisième fois, je revins à la Porté; voici dans quelles circonstances :

Le 12 septembre, je me trouvais de nouveau à l'Hospitalet avec le désir de tenter l'escalade du rocher vierge du cirque de Peyre-Fourque. Il fallait donc de nouveau revenir à Porté. Mais cette fois, je résolus de passer par un autre chemin.

Le soir, en dînant avec Marfaing, nous élaborâmes le projet de course suivant : le 13, faire les pics Pédrous et descendre par le lac Lanoux à Porté; le 14, essayer le rocher du cirque de Peyre-Fourque, redescendre dans la vallée du Campcardos et rentrer à l'Hospitalet en passant par les sources de l'Ariège.

Donc, le 13, nous quittons l'Hospitalet à 5 heures du matin, en route pour la vallée des Bézines : car c'est par le versant de Coume d'or, c'est-à-dire par le versant nord, que nous voulons attaquer le pic, le seul versant dont l'ascension puisse présenter quelque intérêt.

Nous nous engageons ainsi dans la gorge des Bézines au milieu d'une forêt de bouleaux et de pins. Le temps est frais; il a gelé la nuit, aussi marchons-nous très vite.

Nous passons à côté du misérable étang des Bézines (1,980 mètres). Cet étang, à moitié desséché par l'homme, est bien triste avec ses eaux sales au milieu desquelles poussent des herbes. Pourquoi ne pas laisser ces eaux pyrénéennes s'épanouir à leur aise et refléter le beau ciel bleu et les rochers noirs qui les entourent? Que le pâturage ainsi gagné sur la nature est maigre et comme il ne valait pas la peine pour si peu de dépoétiser un site!

A l'étang des Bézines, nous tournons à droite, et montons un ressaut assez roide d'herbes et de rhododendrons, pour atteindre le pied même du pic : le plateau de Coume d'or.

En face de nous, le pic s'élève tout droit et presque vertical, son sommet, d'ici, nous semble une longue crête du haut de laquelle partent plusieurs cheminées herbeuses séparées par des arêtes de granit; nous en comptons trois principales. A droite et à gauche de ces cheminées centrales, la pente est moins roide et permettrait une montée facile.

Mais le Pédrous est pour nous une course d'entraînement, une préparation à celle de demain : c'est pour nous faire les jambes, comme dit Marfaing; aussi est-ce l'une des trois cheminées centrales que nous allons escalader, et la plus mauvaise. D'ici, celle du milieu nous paraît remplir nos desiderata, elle sera notre route pour monter au sommet.

Ainsi décidé, on ouvre joyeusement les sacs et l'on déjeune. 8 heures 10 : 2,240 mètres. Pas un nuage au ciel, le soleil nous réchauffe de ses rayons bienfaisants.

A 9 heures, la marche est reprise droit au pic; d'abord dans une direction nord pour éviter les éboulis de pierrailles; nous coupons ainsi les cônes de déjection de plusieurs cheminées. Puis nous revenons sur nos pas, en décrivant un long lacet, et nous nous arrêtons au pied de l'une d'elles. « La voilà, me dit Marfaing. — Je ne crois pas, elle est plus loin. » Nous l'avions pourtant bien repérée du bas; mais, maintenant, tous les rochers, toutes les aspérités, qui tout à l'heure disparaissaient et semblaient faire corps avec la masse même du pic, se dessinent et se détachent; partout nous coupons des cheminées nouvelles; nous apercevons des arêtes de granit qui montent hardiment vers le ciel en pyramides formidables. Cruelle minute d'incertitude!... Enfin, il faut prendre un parti : « Vous êtes sûr que c'est celle-là? — Oui, elle débouchait au-dessus du gros rocher que nous voyons là-bas, dans le chaos. » — Mais à 10 mètres à droite, il y a une seconde cheminée qui, d'en bas, pouvait paraître déboucher sur le même rocher. — « Allons l'examiner, » et nous y allons. Mais toutes ces cheminées sont herbeuses, et celle que nous devions suivre était rocheuse. « Montons par la première, si ce n'est pas celle-là nous verrons bien et nous essaierons d'en changer en cours de route. »

En avant. On monte d'abord dans de l'herbe; souvent la pente herbeuse est coupée par des saillies rocheuses, et alors quels pas de géants il nous faut faire! car ces saillies se présentent disposées comme des escaliers à marches énormes, taillées pour les hommes des vieilles époques. Nous autres, gens abâtardis, nous sommes trop petits pour pouvoir nous en servir commodément,

DANS LES CHEMINÉES DU PIC PÉDROUS

et il nous faut lever les pieds plus haut que de raison.

Puis la cheminée se resserre, elle devient rocheuse, et nous nous trouvons devant un bloc de granit absolument lisse et vertical. Heureusement, il existe du côté droit une corniche herbeuse de o m. 20 de largeur qui peut nous permettre le passage. « Voilà le passage, me dit Marfaing, » et il se dispose à le franchir en s'appuyant d'une main à son bâton, et de l'autre en s'accrochant à des herbes qui se détachent sous sa main. Lui passé, mon tour vient : « Donnez-moi votre main, monsieur, car les herbes ne tiennent pas. » Mais le passage est trop haut, nos mains ne peuvent s'atteindre. « Je vais vous envoyer la corde. »

Je n'ai jamais passé la corde autour de moi sans un frisson intérieur; quelle assurance, mais aussi, en revanche, quelle impression de danger ne donne-t-elle pas, la corde que nous nous attachons autour des reins!

Et pourtant, cette corde, c'est une compagne comme nos grands bâtons en noisetier; elle a été le témoin de nos incertitudes, de nos déconvenues et de nos succès : c'est une amie, à laquelle nous devons beaucoup, soit qu'elle empêche une catastrophe, soit au contraire que son aide soit purement morale. Aussi nous l'aimons, parce qu'elle nous dit les belles neiges, le grands pics, et les fortes émotions que nous y avons ressenties.

Je m'attache donc et exécute la même manœuvre que Marfaing. La corde doit empêcher un faux pas; faux pas qui me ferait redescendre toute la cheminée, chose absolument inutile, d'autant plus que j'aurais beaucoup de chance pour n'être pas ramassé entier. Ce passage franchi, nous nous détachons et nous continuons l'ascension. La cheminée est rocheuse par places, mais le plus souvent herbeuse; d'ailleurs, de temps en temps, nous passons la tête par-dessus les crêtes rocheuses qui l'enferment pour examiner ses voisines : et il nous semble que celle que nous suivons est bien celle que nous avions résolu d'escalader.

« Monsieur, me dit Marfaing, après avoir été examiner la cheminée de droite, voulez-vous que nous y passions? le couloir est herbeux, mais à droite il y a une muraille de rochers qui peut se faire : et au dessus un plateau d'éboulis, qui nous conduit au sommet. » — « Nous pouvons essayer. » Nous passons sans trop de peine dans le couloir voisin et nous attaquons le mur : il est presque vertical. Les prises sont bonnes, mais bien réduites; et pendant 30 mètres nous nous livrons à une gymnastique intensive; la sueur ruisselle sur nos visages et tombe à grosses gouttes; notre sang bat plus fortement dans nos artères; nos muscles travaillent de toute leur énergie : pas un mot, rien que le bruit de nos respirations haletantes; des clous de nos souliers qui viennent se placer sur quelques centimètres de saillie; des bâtons que nous changeons de place; nous les tenons maintenant, avec la paume de la main, de manière à pouvoir nous accrocher avec les phalanges et les ongles; car, ici, ces bâtons ne nous servent plus à rien. Et puis, de temps en temps, une pierre détachée qui roule dans le vide et dont la chute fait entendre un bruit lugubre qui monte lentement jusqu'à nous et nous émeut profondément, car, à la moindre prise qui lâcherait, nous ferions comme ces pierres...

Nous arrivons enfin sur des éboulis à pentes moins roides et, à 11 heures, nous débouchons sur la crête, entre les deux sommets.

Autant le versant que nous venons de suivre est roide, autant celui que nous apercevons devant nous est à pente douce. Le Pédrous est une *tose*, comme l'on dit dans la région ; c'est-à-dire une croupe arrondie, qui sur l'un des côtés s'arrête brusquement et tombe dans le vide. Pourquoi cette forme? quelle force a ainsi fendu la montagne en deux?...

Que de rochers, d'éboulis et de pâturages brûlés! tout est jaune ou gris. Le pic Auriol, les cols de la vallée du Nabre, les pics de la haute vallée des Bézines, la montagne d'Orlu et celle d'Orgeix, le bassin du Lanoux, le fameux col de Lagrave et le célèbre Carlitte, quelle tristesse! quelle solitude et quelle désolation! et malgré ces horizons on n'a pas la sensation d'être haut! on se croirait au centre d'une immense région de plateaux sans vallées profondes ; rien de ce qui fait le charme de la haute montagne.

Les deux pics Pédrous, celui du sud et celui du nord, eux-mêmes se détachent peu ; pas de rochers fièrement campés, ni de *gendarmes* de granit noir dont les silhouettes sombres se découpent sur le bleu du ciel; mais deux traînées d'éboulis qui montent lentement à droite et à gauche et s'estompent en grisailles vagues. Il faut alors se pencher sur le chemin que l'on vient de parcourir pour avoir un sentiment de montagne. Il faut regarder sous ses pieds les rangées d'obélisques qui limitent les couloirs, fuir et se perdre dans le vide du versant nord pour avoir la sensation d'être à 2,800 mètres.

Une promenade à chacun des deux pics s'impose. Elle se fait sur les éboulis qui forment l'arête jusqu'aux tourelles du sommet. L'un, le pic nord, est coté 2,831 mètres; l'autre, le pic sud, 2,828 mètres. Ces pics sont reliés par une crête facile qui brusquement redescend après le pic sud pour remonter former le signal de Coume d'or : 2,826 mètres.

Analysons cependant quelques coins du panorama. Au sud-ouest les massifs du Rulle et de l'Albe ont leurs formes classiques. Au sud-est, voici la masse du Carlitte et l'étang de Lanoux.

Le Carlitte est un des pics pyrénéens qui ont un nom connu; c'est un pic classique comme le Canigou, le Néthou, le Mont-Perdu, le Vignemale. Tout le monde connaît le Carlitte, de nom au moins; eh bien! malgré cette réputation, faut-il le confesser, le Carlitte ne m'a pas séduit; il est trop trapu, il n'a rien de ce qui attache et charme dans une montagne; pas de formes sveltes qui attirent les regards et les captivent, pas de rochers bizarres. La montagne est comme la femme; il faut à la femme, pour plaire, une taille bien prise ou un vêtement l'habillant bien; il faut à la montagne des aiguilles, des pyramides, des obélisques, ou bien une parure de neige ou de glace. Le pic qui se présente à nos yeux est une masse ronde, formée d'éboulis rouges, reliée aux pics voisins par des crêtes qui semblent peu découpées : quel charme peut-il offrir? et, bien qu'il soit le sommet le plus élevé de la région (2,921 mèt.), quel attrait peut-il présenter au pyrénéiste? Ce n'est pas l'altitude qui fait le charme d'un pic, c'est sa forme, c'est la difficulté qu'il présente à l'ascension. La vue que l'on a du sommet paraît cent fois plus belle quand on y arrive le cœur encore plein des émotions de l'escalade.

Je calomnie peut-être ici le Carlitte ; en l'approchant, il m'offrirait peut-être des arêtes aiguës, des aiguilles, des obélisques, mais je dis l'impression qu'il a faite sur moi et j'espère qu'il me pardonnera.

Avant de quitter le Pédrous, Marfaing me raconte qu'un anneau a été scellé sur le sommet : il prétend que cet anneau devait être une borne d'État ; mais il me raconte avoir entendu dire par plusieurs vieux que cet anneau avait servi à attacher l'arche après le Déluge : légende bizarre et originale.

La descente se fait par le versant ouest dans des éboulis, en suivant l'arête facile qui forme la crête du bassin des Bézines, puis, en obliquant au sud, pour prendre le lit d'un torrent actuellement desséché et qui descend sur le lac Lanoux. Que ces pâturages brûlés sont ennuyeux ! que l'on se sent loin de la montagne sur ces pelouses qui forment des plateaux séparés les uns des autres par des ressauts herbeux !

Midi, halte pour le déjeuner ; puis, de nouveau, descente sur le lac Lanoux. Ce lac peut offrir un certain intérêt aux touristes des villes d'eaux, mais, pour moi, il est monotone. Il est trop grand avec ses 3 kilomètres de long ; il est trop plat et trop nu avec sa cuvette formée de pâturages en terrasses arrondies. Combien je préfère les nombreux petits lacs des hautes régions, perdus dans des cirques de granit avec des rochers qui tombent verticaux dans leurs eaux, avec des glaces et des neiges qui flottent sur leur surface, avec leurs eaux vertes ou bleues qui reflètent le beau ciel des Pyrénées! La masse d'eau du Lanoux est trop considérable dans le cadre qui l'entoure, ou plutôt le cadre est trop mesquin et trop étriqué.

Maintenant, nous prenons la gorge de Font-Vive et nous descendons vers Porté. Nous passons à côté des superbes cascades de Font-Vive, dont les eaux tombent en une multitude de gouttelettes d'un blanc argent sur des rochers noirs. Nous suivons le sentier battu qui nous fait traverser des forêts de pins dominées par les pics du Col Rouge. Nous passons au-dessus de l'étang de Font-Vive perdu dans un cirque de pâturages et d'un bleu limpide et transparent, presque plus beau et plus profond que celui du ciel lui-même, et nous atteignons les premières cultures.

5 heures sonnent à l'église quand nous faisons notre entrée dans le village de Porté. Ces figures noires et bronzées, coiffées de casquettes et de mouchoirs, ne nous sont plus inconnues. On nous cause et nous causons. Oh! les jolis saluts que nous recevons, et les gais éclats de rire que nous entendons, oh! les gracieux « si » qui montent joyeusement au ciel, mettant à nu les dents incomparables des belles Cerdanes. Elles n'ont plus peur maintenant à notre approche, nous sommes presque du pays ; elles se cambrent hardiment devant nous une main sur la hanche, d'un façon tout espagnole, et nous interrogent sur notre route et nos projets futurs. Ces

senoritas sont délicieuses ce jour-là, éclairées par les derniers rayons d'un soleil de septembre, respirant devant leur porte la fraîcheur d'une belle soirée de montagne après une fatigante journée passée à rentrer les foins. Oh! ces populations pyrénéennes, mélange d'une race puissante, dure et rude comme le pays qu'elle habite, et d'une race plus élégante et plus raffinée, vieux vestige peut-être des Maures qui ont traversé ces régions aux temps très vieux de Charlemagne.

PIC MARFAING

(2,661 mètres.)

Donc le 14 septembre, à 3 heures 45, réveil. A peine levés, nous nous précipitons à la fenêtre. Dehors, un beau clair de lune. Nous bouclons rapidement nos sacs qui ne contiennent que les déjeuners, l'appareil photographique et la corde ; nous absorbons à la hâte une tasse de café. A 4 heures précises, nous franchissons le seuil de l'hôtel et nous nous engageons de nouveau sur la route de Porta. Ce matin-là, la lune nous éclaire magnifiquement, la route déroule ses lacets blancs entre les deux versants de la vallée dont les schistes ardoisiers renvoient à profusion les rayons et miroitent d'une manière étrange. « Trop belle journée, dit Marfaing, pourvu qu'elle ne se gâte pas. »

Le jour petit à petit se lève ; les pénombres disparaissent, et avec elles les rêves du matin et la bizarrerie du passage lunaire. La réalité nous reprend. Nous sommes de nouveau sur le chemin de la Porteille Blanche, dont maintenant nous connaissons tous les cailloux, tous les détails. Mais avec le jour le vent s'est levé, un vent du sud très froid, « mauvais signe. » En effet, de gros nuages épais se forment brusquement ; ils sont très bas et très sombres ; peut-être le soleil les fera-t-il disparaître? En tout cas, le brouillard est sur la montagne, il couronne les cimes du Campcardos et celles du Carlitte. Le Peyre-Fourque n'est pas encore pris, cela nous donne de l'espoir; le temps va peut-être se maintenir ainsi; en avant jusqu'au pied des pics; là, nous délibérerons.

Maintenant nous attaquons le ressaut de tête du cirque de Peyre-Fourque; nous montons vite à travers des rhododendrons, car il fait froid, et puis nous sommes pressés de savoir si le rocher est couvert. Le voilà, là-bas, tout droit, et tout noir. Que le granit est triste quand il n'est pas éclairé! Je ne sais ce que pense Marfaing, mais il est inquiet et silencieux; évidemment la montagne ce matin l'a impressionné. Elle n'a pas l'air aimable aujourd'hui, et puis le rocher que nous avons devant nous est si formidable! Ce rocher, c'est pourtant lui qui nous fascine; il va falloir l'attaquer. Tout à coup un rayon de soleil oblique vient éclairer son sommet : alors le granit redevient rose, et ce pic tout à l'heure si sombre s'illumine... Mais de nouveau le soleil disparaît, et, de rose, le granit redevient noir; il est tristement lugubre, et puis le brouillard, le terrible brouillard, nous cache tout. Ce sont d'abord des petites traînées vaporeuses qui forment un léger voile à travers lequel nous devinons la masse même du pic; puis bientôt nous ne voyons plus rien qu'un immense rideau blanc. « Il faut faire demi-tour. — Allons jusqu'au pied, il est de bonne heure, nous verrons bien s'Il ne voudra pas se découvrir dans le courant de la journée, d'ailleurs nous allons traverser le chaos de Peyre-Fourque : il y a des pierres sous lesquelles des hommes peuvent coucher; nous attendrons ainsi à l'abri; derrière nous, il me semble qu'il pleut sur le Carlitte et à Porté. Il est aussi simple de se mouiller ici que là-bas. » Soudain le soleil perce le brouillard et alors nous voyons le grand rideau blanc se déchirer et le pic se dresser devant nous tout rose et tout droit, mais cette apparition ne dure qu'un moment et le pic s'enveloppe de nouveau d'un autre manteau de nuages. Décidément la montagne joue avec nous, elle nous attire et nous repousse, elle se donne et se reprend : cette vierge du Peyre-Fourque veut flirter, et puisqu'elle le veut, nous flirterons, mais dans sa sauvagerie elle est fort peu au courant du cœur humain; loin de nous décourager elle se fait aimer davantage, notre passion grandit pour elle à chaque minute et devient telle qu'il nous faudra absolument la satisfaire.

Cependant il faut songer à déjeuner, car il est 8 heures. Nous cherchons alors un rocher pour nous abriter et nous ouvrons nos sacs : il fait froid. « Faut-il continuer? » Telle est la question que nous nous posons; le pic se découvre alors à nouveau, et la difficulté est ainsi tranchée : d'ici, étudions-le.

Ce pic se trouve dans le fond du cirque de Peyre-Fourque; c'est un rocher qui, du côté nord, se relie au reste de la crête par une succession de *gendarmes* et qui monte presque vertical; toute cette paroi a l'air rocheuse : ce côté doit être abandonné comme voie d'ascension, il ne doit même pas être tenté. Il en est de même du côté ouest dont notre course au Campcardos nous a démontré, l'année précédente, l'infranchissabilité. Restent les côtés est et sud; il faut les examiner attentivement. D'ici, nous pouvons admirablement étudier le versant est. Sur le côté sud, le rocher est séparé du massif du Puig Pedros par un

PIC MARFAING
Pris du chaos de Peyre-Fourque.

couloir herbeux qui aboutit à un col anonyme : une corniche herbeuse part un peu au-dessous du col et traverse tout le versant est, du sud au nord. De cette corniche se détache un couloir également herbeux, absolument vertical, qui monte une trentaine de mètres et qui se continue peut-être par une seconde corniche parallèle à la première. D'ici nous jugeons très mal, nous ne voyons que quelques touffes herbeuses.

« Allons voir le versant sud, dit Pierre; pour cela montons au col, où nous laisserons notre bagage. »

Le déjeuner terminé, nous attaquons le couloir qui doit aboutir au col; mais de nouveau le brouillard nous reprend, et c'est dans ses brumes que nous débouchons au sommet; on ne voit rien, mais nous sentons que ce brouillard va se lever; cela nous redonne courage. Le col est, d'après mon baromètre, à une altitude de 2,470 mètres.

En effet, le brouillard monte petit à petit, et le soleil vient nous réchauffer; nous en avions besoin; nos dents claquent, et c'est à peine si nous pouvons tenir nos bâtons. Examinons maintenant le versant sud: nous le voyons très mal, car nous sommes trop près; mais ce que nous pouvons distinguer peut se résumer ainsi : un rocher absolument lisse avec, tous les deux mètres, une saillie large comme la main. « Ce n'est pas beau, dit Marfaing, mais nous pourrons essayer peut-être de monter par là, si le chemin du côté est n'est pas meilleur. » La perspective de grimper par cet endroit me donne le frisson; car ce n'est plus une course de montagne, c'est un exercice d'acrobatie : nous allons nous livrer à des rétablissements pendant 50 mètres au moins sans savoir où nous allons; au moindre faux mouvement nous serons précipités jusqu'au col, et de là, nous rebondirons, comme des balles, jusqu'en bas du couloir par où nous sommes montés; puis, pour nous recevoir, au lieu du filet classique des gymnasiarques, ce seront des blocs de granit.

Cette inspection passée, nous laissons en cet endroit le sac et l'appareil photographique; nous n'emportons avec nous que la corde et les bâtons. Tout d'abord, descente pendant une cinquantaine de mètres, puis montée pendant cent mètres : tout cela facilement quoique la pente commence à devenir sérieuse. Nous sommes maintenant à l'embranchement des deux couloirs, l'un qui file horizontalement, l'autre qui monte verticalement. Ces deux couloirs sont séparés l'un de l'autre par un rocher vertical de 30 mètres au moins, sur le flanc duquel est accolé un véritable escalier de granit dont les marches, mesurant 2 mètres de haut et 20 centimètres de large, sont en pente à la fois de deux côtés. Nous ne voyons que trois marches, les autres disparaissent derrière un rocher.

« — Monsieur, me dit Marfaing, restez ici, je vais aller voir la corniche horizontale. — C'est la cheminée verticale qu'il faut prendre. — Laissez-moi faire. » Ceci dit, il part; je m'assieds, et revenant à mon idée primitive, j'essaie de chercher au milieu de ces rochers et de ces à-pics des touffes d'herbes pour avoir l'espérance de passer; je me rends compte en même temps des progrès faits par Marfaing.

Au bout de dix minutes, je vois réapparaître le visage noir et hâlé de mon guide, sa casquette noire, ses vêtements sombres, car il avait disparu derrière un ressaut du rocher. A mesure qu'il approche, je distingue les rides de sa physionomie plus prononcées que de coutume; je comprends : impossible. « J'ai fait deux ou trois rétablissements sérieux, dit-il, et je suis arrivé à la crête nord encadré entre deux pyramides de granit; au-dessous de moi, le vide; de chaque côté on ne voit rien, mais on ne peut passer, le sommet doit être encore loin. » Il s'assied et roule une cigarette; nous ne parlons plus. « — Cherchons autre chose, dit-il. — Prenons le couloir vertical. — Pas encore, essayons l'escalier rocheux. — Vous êtes fou. — Laissez-moi faire. J'emporte la corde.»

Il se dresse tout droit. Ah! combien à cet instant il me parut grand, cet homme ; je l'écoutai respectueusement ; ce n'était plus le même, c'était un géant, il était transformé. Sa figure se contracta, ses yeux brillèrent d'une manière sauvage : il était empoigné par la montagne, il en avait compris toute la terrifiante poésie ; il était prêt à faire l'impossible. Le pic l'avait captivé, il mettrait à sa conquête tout ce qu'il avait de volonté, de force et d'énergie.

La première marche d'escalier se fit par un rétablissement, rétablissement que j'avais l'habitude de voir faire à Marfaing; les deux talons joints, les pointes des pieds basses, il s'éleva lentement et sans effort sur les phalanges de ses doigts assez haut pour pouvoir placer un genou ; puis, il mit un pied, et se redressa de toute sa stature sur ce soc de granit. Quelle impression a-t-il eue à ce moment? je l'ignore; mais moi, j'admirais, j'étais dans l'étonnement, je n'osais respirer de peur de provoquer une catastrophe; sur ce soc si peu large, il avait l'air si peu solide.

La première marche franchie, il fallut attaquer la seconde; celle-ci fut plus difficile; elle était plus haute et légèrement en surplomb. Comment Pierre fit-il pour l'escalader? je ne sais; mais ce que je sais, c'est que j'ai vu tout son corps travailler, les bras, les jambes, les mains, les pieds, les coudes et les genoux. C'était effrayant.

La troisième marche fut relativement facile, mais la quatrième fut impossible. Il n'y avait plus de marche, c'était une simple aspérité dans le rocher sur laquelle poussaient des herbes, chose qui avait trompé Marfaing. Il essaya bien de continuer, mais ses phalanges ne trouvaient pas une prise suffisante; elles glissaient, il fallait faire demi-tour, le deuxième de la journée!....

C'était déjà beau d'être monté; il fallait encore redescendre : or cette opération n'était pas commode. De la troisième à la seconde marche, aucune difficulté sérieuse. Marfaing descendit en s'appuyant sur son bâton solidement coincé dans une fente du rocher, et en se laissant aller dans le vide. Mais de la seconde à la première, il n'en fut plus de même; on ne pouvait descendre le corps tourné du côté du vide, vu le surplomb du rocher; il fallait absolument se retourner, et cela sur un espace de $0^{m},20$ de largeur. « Monsieur, me cria-t il, je vais m'attacher. » En parlant ainsi, il était assis tranquillement, une partie seule de son corps reposait sur du solide; l'autre surplombait le vide. J'ai toujours admiré le sang-froid des montagnards devant le danger. Il me disait cela sans s'émouvoir, sans un pli de sa rude figure contractée. Oh! je l'admirais, cet homme; j'enviais sa supériorité écrasante sur moi. Nous autres gens des villes, à système nerveux très excitable, nous ne saurions nous dominer comme l'homme de la montagne; sûrement, nous perdrions la tête... Et il me jeta la corde qu'il s'était passée autour des reins, en même temps qu'il profitait d'une légère rainure entre le rocher et la marche pour servir de poulie. Moi, je saisis l'autre bout que j'enroulai autour de mon bras. A ce moment, je me sentis comme lié par un aimant invincible à l'homme que j'avais là à quelques mètres au-dessus de moi et qui jouait ainsi sa vie. L'instant fut solennel, je ne respirais plus et mon cœur battait bien fort; je regardais de mes deux yeux le mouvement qu'il allait faire, plein d'anxiété sur son résultat. De l'endroit où j'étais, je voyais mal, mais je comprenais que la partie qui se jouait ainsi entre l'homme et la mort était sérieuse. Je me recueillis alors, et de tout mon cœur une prière silencieuse monta vers Celui qui dispose de nos vies.

Pierre passa sans hâte ses deux mains au-dessous de lui et s'assit dessus; il éleva lentement tout son corps sur ce point d'appui; puis, résolument se jeta dans le vide en même temps qu'il se retournait du côté de la montagne et se raccrochait avec ses deux mains à la saillie qu'il venait de quitter. Il se laissa glisser alors à bout de bras, jusqu'à ce que ses pieds pussent reposer sur du solide. C'est un mouvement classique de trapèze volant ou de barre fixe. Mais combien plus difficile ici où les prises des mains sont réduites à l'extrémité des phalanges et où l'on a, sous soi, la sensation d'un vide de 200 mètres, sensation d'abîme que ne sauraient donner les instruments du cirque. Oh! que j'aurais voulu voir des spectateurs applaudir ce mouvement ! Il n'eut que le seul bravo qui sortit spontanément de ma poitrine, mais il y avait tout le vaste cirque de Peyre-Fourque pour l'encadrer et pour l'entendre.

La descente de la première marche fut facile, et quelques minutes après je serrais vigoureusement les mains de ce héros de la montagne. Mais en même temps j'étais navré. C'étaient deux essais infructueux ; j'étais complètement démoralisé. « Essayons, dit Marfaing, le couloir vertical, mais je n'en augure rien de bon ; il faudra passer en corniche sur le rocher qui nous surplombe : cela ne me convient pas, c'est pour cela que je voulais passer au-dessous et que j'avais essayé l'escalier ; mais en tout cas, il faut essayer ; si nous sommes venus ici, ce n'est pas pour reculer. » Et ces derniers mots furent soulignés d'un cri de « en avant » tel, qu'il semblait un défi jeté à la montagne.

Nous voici maintenant tous deux cramponnés à des herbes et montant le couloir. Nous n'avons plus qu'une idée : coordonner tous nos mouvements de manière à profiter des moindres saillies pour placer les doigts ou les pieds. Ici une distraction n'est plus permise. Cette montée est vite exécutée ; puis nous trouvons sur notre droite quelques rochers que nous devons passer à l'aide de rétablissements, et nous arrivons enfin sur la corniche horizontale. Elle n'est pas jolie, cette corniche, mais elle est meilleure que nous ne l'espérions. C'est un rocher de $0^{m},20$ de largeur et de 3 mètres de long, heureusement peu incliné du côté vide ; mais, par contre, pas une saillie du côté de la montagne pour pouvoir nous aider. Après ce que l'un et l'autre venons de faire, cette corniche ne nous paraît plus redoutable. Nous la passons debout, le visage contre la montagne, nous déplaçant latéralement et parallèlement à nous-mêmes. Puis, le chemin devient meilleur; ce sont des corniches formées de touffes d'herbes ou de pierres plus larges : il y a des prises.

Mais tout à coup un mur de 5 mètres de haut se dresse devant nous, mur coupé heureusement en son milieu par une saillie. Marfaing s'arrête à cette vue et hésite; mais cette minute d'incertitude est bien vite passée, il faut monter. « Attendez-moi, je vais vous laisser les bâtons, vous me les passerez et je vous enverrai la corde. » Il s'avance seul au pied de la muraille, car, pour en approcher, il faut se hasarder sur une corniche étrangement resserrée; je le vois de nouveau monter en se servant de tous ses moyens; sa respiration devient haletante, il souffle péniblement, ses ongles crient sur le granit en cherchant les saillies, et pour comble de malheur le rocher cède sous lui. Il arrive pourtant à placer genoux et pieds, et à se hisser sur le sommet, plate-forme peu large, encombrée de pierres volantes et peu stables. « Je vais monter plus haut, crie-t-il, car d'ici, je ne suis pas assez solide pour vous tenir. — Bon. — J'y suis. » Alors commence ce langage monosyllabique éloquent dans la situation : « Laissez-moi assez de corde et surtout ne me hissez que si je vous le demande. — Compris. — Donnez-moi de la corde. — Y en a-t-il assez? — Encore un mètre. » Et la corde se déroule sur le rocher; on n'entend pour le moment d'autre bruit que celui de son frottement sur la pierre. « Vous y êtes? je pars. — Allez. » Me voici à mon tour en marche. Comme celle de Pierre, ma respiration devient haletante; la corde monte petit à petit en même temps que moi; « surtout ne tirez pas, suivez mon mouvement : » quelques minutes après, je suis en haut.

Puis, un peu plus loin, une nouvelle muraille, et nous recommençons comme précédemment. Nous nous trouvons alors l'un et l'autre sur une plate-forme minuscule encadrée par devant et sur notre droite par deux obélisques de granit; à gauche, 3 mètres de corniche dont un à enjamber sur le vide et de nouveau une muraille.

« Nous n'arriverons pas au sommet, murmure Pierre. — Mais si, nous y sommes; tenez, voici la crête; encore cette cheminée et je crois que nous serons bien près d'arriver. » Mais son visage n'a pas repris confiance, au contraire, il porte l'empreinte d'une angoisse indicible que je n'avais jamais encore remarquée. « Je vais me déchausser, dit-il sourdement, et vais voir ce qu'il y a au-dessus de cette nouvelle plate-forme ; attendez-moi ici. » D'ailleurs, je suis bien forcé de l'attendre, car nous ne pouvons être deux au pied de la muraille, l'espace ne le permet pas.

Ce nouveau passage est plus effroyable que les précédents ; il est plus haut et les prises encore moins larges, et puis rien ne tient. A force de tâter et de se cramponner, Pierre parvient à se hisser; et alors ce cri retentit formidable dans l'espace : « Voici le sommet! »

Ce mot m'a électrisé. Je m'engage à mon tour sur la

PIC MARFAING
Pris du sommet de Peyre-Fourque.

corniche, et, à mon tour, j'attaque le rocher; mais mes clous glissent, je sens le moment où je vais être entraîné avec la saillie sur laquelle repose mon pied gauche et qui se détache insensiblement. « Tirez-moi. » La corde se tend et aide en même temps un vigoureux coup de jarret sur la saillie, qui s'effondre derrière moi dans le vide.

Hourra ! voici la cime. En effet, devant nous se déroule une courte arête d'un mètre de largeur, formée de blocs énormes de granit. Il est 10 heures. A ce moment, nous oublions toutes nos souffrances, toutes nos fatigues ; nous sommes tout à la joie de notre réussite. Oh ! quel plaisir que celui de se sentir sur une terre vierge qui n'a encore été foulée par aucun pied humain ! sur un point encore neuf dans un monde si vieux !...

Mais ce premier moment d'émotion passé, il faut examiner le résultat acquis. Nous sommes au sommet d'un rocher situé dans le fond du cirque de Peyre-Fourque et coté sur la carte de l'État-Major 2,661 mètres ; rocher sans nom sur la carte et sans nom auprès des gens de la région. Pourquoi alors ne pas faire un baptême ? pourquoi ne pas fixer le nom de l'homme qui, le premier, est arrivé au sommet ? pourquoi ne pas appeler ce rocher du Peyre-Fourque Pic Marfaing ?... Personne n'aura, je pense, la prétention de critiquer le choix de ce nom. Celui qui a été à la peine peut bien aussi être à l'honneur !

La vue est médiocre ; c'est toujours la même que celle que l'on retrouve sur tous les sommets de la région : le Peyre-Fourque, le Campcardos, le Tosetta de la Esquella, le massif des sources de l'Ariège, la Porteille Blanche, le Carlitte. Mais, il faut le dire, nous sommes pressés de descendre, d'abord à cause du temps, qui n'est toujours pas sûr, et ensuite nous prévoyons une descente difficile : tous deux nous sommes inquiets, trop même pour pouvoir savourer délicieusement notre joie.

Enfin la voici, la descente ! opération délicate, et qui nous effraie l'un et l'autre. C'est moi maintenant qui suis en tête ; il faut descendre la première marche. « Donnez-moi assez de corde et laissez-moi faire ; surtout ne me retenez qu'en cas de malheur. — Bon. — Deux mètres de corde... Encore un mètre... J'y suis. » — A part cela, nul autre bruit que celui des clous qui grincent sur le rocher, des doigts qui se cramponnent sur les saillies, de la corde qui frotte, des pierres qui descendent. Une fois sur la plate-forme de la seconde muraille, Marfaing opère la descente à son tour ; mais combien plus périlleuse que la mienne, car il ne veut pas s'attacher, et c'est sans soutien qu'il descendra ainsi toutes les cheminées. Je connais peu d'impressions plus émouvantes que celles de ces descentes à la corde : quand on cherche à tâtons de la pointe de son soulier une saillie, quand le corps n'est plus soutenu que par quelques phalanges des doigts : oh ! qu'alors les centimètres qui mesurent les différences de niveau paraissent hauts !

La descente de la seconde à la première muraille s'opère dans le même ordre que la précédente, et fait naître en nous les mêmes émotions.

Enfin voici la corniche rocheuse heureusement passée, nous sommes sauvés. Je veux me détacher, Pierre s'y oppose, et il a raison ; en effet, un peu plus loin, la prise de mes mains cède et me voici précipité la tête contre le rocher, en même temps que je commence un mouvement de rotation autour de la corde sur moi-même. Marfaing ne voit rien, mais il sent à la secousse de la corde que cela va mal; il se cramponne de toutes ses forces pour retenir. Une fois revenu de mon émotion et ayant retrouvé un appui, je rassure mon guide. « Ce n'est rien, me voici de nouveau solide; c'est une pierre qui a lâché, vous pouvez avancer. » En effet, il avance : et quand nous nous retrouvons en vue l'un de l'autre : « Vous voyez bien, monsieur, que j'ai eu raison. » — Puis nous descendons la cheminée herbeuse et verticale. A son pied je me décorde et nous gagnons le col du départ où nous retrouvons nos sacs. « Vous recommenceriez ce pic? dis-je à Marfaing. — Non, monsieur, ce sont des choses qui se font une fois, mais pas deux; nous avons eu de la chance, pourquoi vouloir tenter le bon Dieu » Il est 11 heures et demie.

Ainsi, pour nous résumer, nous avons mis 3 heures pour monter et descendre le pic, c'est-à-dire pour faire 160 mètres de différence de niveau.

Maintenant que nous sommes en sécurité et que nous avons réussi cette première pyrénéenne, nous nous livrons sans mélange à la joie; nous causons des émotions éprouvées, des impressions ressenties. Quand le danger est passé, on aime à se rappeler les circonstances qui l'ont accompagné, et il ne reste plus alors que la joie bien douce d'avoir vaincu la difficulté et d'avoir montré qu'on était capable d'une œuvre virile.

Nous dévalons ensuite les pentes effroyablement

roides qui du col descendent dans la vallée de la Por-

PIC MARFAING
Versant sud-ouest.

teille des Maranges. — Rude descente, — nous atteignons ainsi le thalweg de la vallée juste au-dessous du pic, à la cote 2,350 mètres. Pendant ce trajet, nous

nous arrêtons souvent pour regarder le rocher inaccessible qui forme le versant ouest du pic Marfaing. « Quel château fièrement campé tout de même, » dit mon guide. Il nous domine en effet de 270 mètres; son granit est une seule masse sans un couloir, sans une saillie.

Cependant le temps semble vouloir se gâter; les arêtes se couvrent de brouillard, d'un brouillard noir et épais qui flotte lourdement et se maintient péniblement suivant une ligne horizontale. Le pic Marfaing, lui aussi, disparaît sous un épais manteau de nuages, et bientôt on ne peut plus le voir. Il semble que cette terre vierge ait eu honte d'avoir été ainsi violée, qu'elle veuille cacher sa tête rougissante aux hommes et ne plus la montrer aujourd'hui qu'à ses amis ordinaires, les aigles et les vautours qui planent là-haut, au-dessus, bien haut et bien loin, dans les grandes solitudes et les grands espaces.

Le vent fraîchit petit à petit et nous amène la pluie. Nous cherchons un abri sous une pierre énorme : un refuge de contrebandiers; des lits de mousse nous l'indiquent suffisamment. Il est une heure; nous venons de descendre la vallée de la Porteille des Maranges et nous arrivons dans celle de Campcardos : il ne nous reste plus pour terminer la course qu'à passer dans celle de la Haute Ariège. Sous notre rocher nous grelottons, aussi à 1 heure et demie reprenons-nous la marche, et montons-nous rapidement le pâturage qui nous mène au petit étang de la Tête de Campcardos et au port de Font-Nègre.

Nous voici maintenant au sommet du port, entre les pics Nègre, 2,812 mètres, et de Font-Nègre, 2,852 mètres. Le temps redevient radieux. Derrière nous, de beaux escarpements, des couloirs de granit qui descendent entre des taillants d'arête tout noirs; ce sont les contreforts et le versant nord des pics d'Encorbs et de la Tosetta de la Esquella. Ils sont sauvages vus d'ici, et dire que sur leur autre côté ils ont l'air si faciles! Le cirque de Peyre-Fourque et le Campcardos sont toujours dans le brouillard; décidément il ne nous sera plus donné de voir notre pic de ce matin, et de contempler encore une fois cette belle silhouette.

De chaque côté de nous la crête monte aux pics Nègre et de Font-Nègre, — crête facile.

Devant nous s'étendent les pâturages du bassin de la Haute-Ariège. A gauche de la rivière ils sont andorrans; à droite, français. Nous cherchons à comprendre, sans y réussir, pourquoi cette disposition bizarre, que rien dans l'état géographique ne vient justifier.

Le soleil qui nous éclaire tombe sur toute cette région brûlée et lui donne, ce soir-là, une couleur triste; ce n'est que du jaune et du rouge...

Nous descendons donc dans le cirque que nous avons sous nos pieds, et qui est encombré de blocs de granit géants. C'est un beau chaos, mais qui ne vaut pas celui de Peyre-Fourque.

Tout à coup, l'un de nous pousse ce cri : des isards! En effet, nous venons de surprendre cinq de ces animaux en train de boire dans une source à 40 mètres devant nous. Effrayés, ils fuient droit devant eux; mais évidemment cette apparition de l'homme les a désorientés, car ils se dirigent sur un rocher inaccessible. Marfaing pousse alors le sifflement strident dont se servent les pâtres pour appeler leurs troupeaux : le son, renvoyé par le rocher, leur revient de face. Complètement déroutés, ils s'arrêtent, cherchant à discerner d'où vient le danger, essayant de percevoir le moindre bruit. Mais soudain, l'animal de tête qui sert de guide au troupeau s'est ressaisi; il fait demi-tour, et les voici tous maintenant qui dévalent le chaos à une allure désordonnée. Quant à nous, nous nous installons à l'endroit qu'ils viennent d'abandonner.

Tandis que nous causons, nous les voyons tout à coup revenir de notre côté; nous nous dissimulons alors pour les laisser approcher; et ils approchent en effet, mais avec méfiance. Un coup de sifflet, et voici nos animaux qui fuient à nouveau rapidement. Ils se dirigent droit sur le signal de Font-Nègre, dont ils commencent l'ascension par des couloirs et des corniches fantastiques. Nous voyons leurs cinq corps bruns se profiler sur les rochers, et nous entendons les pierres tomber. De temps en temps, ils s'arrêtent pour écouter, mais de nouveau un violent coup de sifflet arrive jusqu'à eux, et de nouveau ils remontent avec plus d'ardeur et d'énergie. Ils sont bientôt à la crête; leurs silhouettes se détachent alors magnifiques sur le ciel; elles paraissent énormes; on en voit une, puis deux, puis cinq. A ce moment ils s'arrêtent et nous regardent quelque temps immobiles; ils se savent maintenant en sûreté, aussi disparaissent-ils au pas derrière les rochers. Et nous, qui avons suivi des yeux leurs exercices, nous sommes pleins d'admiration pour l'œuvre du Créateur qui en créant l'isard lui a donné le moyen d'habiter et de vivre dans ces régions des grandes Pyrénées.

Nous reprenons ensuite notre marche; nous franchissons un petit col, et nous tombons dans un cirque dont les pics Nègre et d'Embalire forment le fond. Nous sommes dès lors en Andorre et nous descendons rapidement les pentes du thalweg dans lequel coule un mince filet d'eau : l'Ariège.

Devant nous se déroulent des pâturages très verts tout parsemés de petits points blancs : ce sont des moutons français qui passent ainsi l'été sur ces montagnes andorrannes louées pour la saison. Nous marchons vite, nous retournant souvent pour jeter un dernier coup d'œil vers le massif des sources de l'Ariège, qui tombe à pic sur une succession de pâturages et qui nous mont·e les derniers grands sommets que nous verrons de la journée. Nous passons ainsi au-dessus du petit étang de Font-Nègre qui sert de réservoir à l'Ariège et dont les eaux vertes reposent tranquillement dans une cuvette rocheuse.

Bientôt nous trouvons le chemin du port d'Embalire, puis, plus loin, celui du port de Saldeu. Nous rencontrons quelques troupeaux andorrans gardés par des pâtres tout rasés, coiffés de la *barentina*, la coiffure nationale andorranne, un bonnet phrygien rouge bordé de noir, et enveloppés dans une couverture aux couleurs claires : qu'ils sont différents de nos pâtres français, qui portent le béret bleu, le joli béret pyrénéen, et les grands capuchons en bure blanche appelés *capètes*.

Enfin, à 7 heures du soir, nous arrivons à l'Hospitalet, fatigués, énervés par notre course de la journée. Avec quel plaisir avons-nous, ce soir-là, quitté nos charges et nous sommes-nous mis à table devant une soupière fumante !

Inutile de recommander le pic Marfaing à des grimpeurs peu exercés ; une corde peut être utile.

PIC DE RULLE. COL DU SISCAROU

(2,788 mètres. — 2,505 mètres.)

Quand on est au col de Puymaurens, on a devant soi, à l'ouest, une longue ligne de crêtes à l'aspect très fier et très sauvage. Ces crêtes relient entre elles des masses trapues de granit qui forment les grands pics de la région; ce sont les massifs importants de l'Albe et du Rulle. Une visite à ces sommets était fort tentante, et pour les bien étudier, je me décidai à en escalader le point le plus élevé, le pic de Rulle, 2,788 mètres.

Le 15 septembre 1899, je partais donc avec mon guide ordinaire, Pierre Marfaing, auquel j'avais adjoint Jean Mouchard, de Mérens, un jeune pâtre qui devait nous diriger au milieu de tous ces pics.

Nous quittons l'Hospitalet, tous les trois, à 4 heures du matin, et nous remontons aussitôt par une forte pente le sentier de troupeau de la vallée du Sisca. C'est à la lanterne que nous exécutons cette première partie de la course. Quelles sont tristes, ces marches de nuit! personne ne parle; tout est noir autour de nous; seule la petite clarté de la bougie éclaire les cailloux de granit blanc qui, à cette lueur incertaine, prennent des proportions énormes. Nul autre bruit que celui de nos souliers qui grincent sur les pierrailles, de nos bâtons qui font entendre un son métallique sur les rochers, et du torrent, dont le murmure monte comme une rumeur confuse des profondeurs dans lesquelles il est encaissé. On ne le voit pas, mais on l'entend. Tout à l'heure pourtant il nous faudra le passer à la lanterne. Le voici maintenant à nos pieds; les hommes ne sont pas sûrs du passage, on l'a peut-être manqué; et alors, à l'aide de la lumière, on cherche à se rendre compte si, oui ou non, on peut sauter. Ce sont des paroles brèves échangées à voix basse. On nous prendrait presque pour des contrebandiers. Enfin nous passons et nous quittons notre premier chemin, qui nous mènerait dans la vallée du Sisca, pour en prendre un second qui nous conduit dans celle des Baldarques.

Nous remontons donc la vallée des Baldarques, une vallée largement ouverte et très pastorale; l'herbe y pousse en abondance. C'est une contrée pour les vaches, disent les gens du pays; cette qualification indique assez que la pente du thalweg est peu prononcée, et que les versants ne sont pas abrupts. Bientôt en effet nous traversons la vacherie de la commune de Mérens. Toutes les bêtes encore couchées ruminent en silence, agitant par instant d'un mouvement très doux les clochettes qu'elles portent au cou; elles attendent ainsi l'heure de la traite. Signalons en passant l'existence d'une cabane construite par l'administration forestière à l'usage des vachers : on peut y coucher d'une manière plus confortable que dans les cabanes de pâtres ordinaires.

A 6 heures, nous arrivons à l'étang de Pédourès. Que de noms dans cette région sonnent admirablement bien et ont une saveur toute montagnarde! Pic

PIC DE RULLE
Versant sud-est.

de Neressole 2,634 mètres, pic de l'Albe 2,764 mètres, tose de Pédourès 2,505 mètres, pic de Clote-Flouride 2,390 mètres, pic de Cazalassis 2,650 mètres, clote de Rulle, pic de Fontargente 2,416 mètres, etc. A gauche, nous laissons un thalweg qui passe entre les pics de l'Albe et de Neressole et nous mènerait dans la vallée du Sisca par la porteille du même nom. Nous montons tout droit et passons un col herbeux entre les pics de l'Albe et de Pédourès, pour tomber dans la haute vallée du Mourgouillou.

Maintenant, le pic de Rulle, qui jusqu'à présent nous avait été caché, nous apparaît, éclairé par les premiers rayons du soleil. C'est une grande masse trapue de granit rose, parsemée de quelques corniches d'herbes; les crêtes qui s'en détachent forment des dentelures bien découpées : soit celle qui le relie au pic de l'Albe en décrivant un grand arc de cercle et se trouve au fond de ce que nous pouvons appeler le cirque de l'Albe; soit celle qui rattache le Rulle aux masses du Cazalassis et sépare les vallées du Mourgouillou et du Nagear

Cependant il est 6 heures et demie, nous faisons notre première halte entre les deux étangs de Couart et de Vidal, sur un chaos de granit. Au-dessus de nos têtes, le soleil nous éclaire magnifiquement; le ciel est admirablement bleu et transparent. Au-dessous de nous, le brouillard s'établit et cherche à vouloir monter; nous suivons pendant quelques instants, avec inquiétude, le résultat de ses progrès, mais bientôt nous nous tranquillisons; le temps se maintiendra au beau.

A 6 heures 45, la marche est reprise avec le pic comme objectif; nous venons de décider, tout en nous reposant, de l'attaquer par son versant nord, le versant est nous paraissant trop mauvais.

Quelle région désolée et quelle solitude! Rien que des blocs de granit entassés; c'est excessivement triste. Les nombreux lacs de la région, l'étang de Couart et les deux étangs de l'Albe eux-mêmes ne jettent pas une note gaie dans ce paysage; ils dorment immobiles sans une ride. Le soleil ne faisant encore que rosir les cimes, tout le reste est noir, gris ou rouge; les lacs sont verts, mais d'un vert opaque et sans profondeur : c'est la mort, la mort magique et grande comme seule la montagne peut en donner l'impression.

Nous nous engageons dans le cirque de l'Albe en longeant la rive gauche de l'étang de Couart. Nous traversons ainsi des quartiers de blocs énormes de granit, et nous nous dirigeons vers la crête nord, crête qui relie le pic de Rulle au pic de Fourcade, joli pic à silhouette hardie et élancée. Aussi, nous quittons le cirque principal de l'Albe et nous obliquons à droite pour nous engager dans un cirque secondaire. Toujours des éboulis. Pendant cette marche, une inspection plus complète des lieux nous fait changer d'itinéraire. Nous attaquerons directement le pic sans aller atteindre la crête nord. Un couloir d'herbes et de pierrailles s'offre à nous; nous le montons. Nous débouchons ainsi sur un petit col séparant le pic lui-même d'un éperon rocheux qui s'avance dans le cirque d'Albe. Les granits du Rulle, vus de ce point, sont saisissants. Ils montent tout droits et tout rosés jusqu'au sommet, entrecoupés seulement par quelques touffes de genévriers nains ou de rhododendrons.

Ce col nous conduit sur le versant est, au pied d'une

cheminée herbeuse à pente très redressée qui semble devoir nous mener dans la direction du sommet ; actuellement nous sommes sur un versant non étudié, et aucun de nous n'est encore venu dans la région.

SOMMET DU PIC DE RULLE

« Après tout, dit quelqu'un, nous sommes trois hommes vigoureux et déterminés, nous arriverons bien en haut. » Mouchard part en reconnaissance, quant à nous, nous attendons le résultat de son exploration tout en nous amusant à discuter si les quelques corniches que nous apercevons sont praticables et laquelle serait la meilleure dans le cas où Mouchard ferait demi-tour et où nous serions obligés de nous en servir.

Tout à coup, un coup de sifflet retentit : c'est Mou-

PIC DE FONTARGENTE

chard qui hèle. En avant. Au bout de quelques minutes l'herbe est remplacée par le rocher, et un quart d'heure après nous atteignons une crête formée de blocs de granit, crête peu large mais facile ; nous la suivons jusqu'à une tourelle : la cime 2,790 mètres, d'après mon baromètre.

Quel n'est pas notre étonnement de voir se détacher de la crête que nous venons de suivre, et à peu près perpendiculairement à sa direction, une autre crête rocheuse formée de blocs gigantesques de granit dont deux points sont couronnés par une tourelle.

Le pic de Rulle a-t-il trois sommets? ou bien y a-t-il deux pics séparés l'un de l'autre par un col peu prononcé (50 mètres au plus de différence de niveau entre les sommets et le col)? Telle est la question qui se pose et à laquelle je ne puis répondre. Mouchard prétend que toute cette masse est le pic de Rulle. La carte d'État-Major porte : pic de Rulle 2,788 mètres ; au-dessous, pic de Fontargente, et une cote 2,416 mètres à droite. J'avais admis au départ que le pic de Rulle était coté 2,788 mètres, mais alors, où serait le pic de Fontargente? car il n'existe pas de pic à cet endroit de la carte. D'un autre côté, le plan cadastral de la commune de Mérens porte, au lieu de pic de Rulle, pic de Fontargente. Le pic de Fontargente serait-il indiqué par la première tourelle? et le pic de Rulle par les deux autres? mais alors, comment expliquer les noms de Port et d'Étang de Fontargente donnés à des lieux situés à 1,000 mètres de là? Une carte communiquée par le propriétaire du château de Gudanes, auquel tous ces terrains appartenaient autrefois, place les pics de Fontargente de chaque côté du port du même nom, au-dessus de l'étang. Cela paraît logique, mais la difficulté ne se trouve pas ainsi résolue. D'ailleurs dans la montagne ariégeoise, il n'existe pour ainsi dire pas de noms officiels. Les pâtres qui habitent la montagne, et qui seuls ont besoin de noms, ne sont souvent pas d'accord les uns avec les autres selon qu'ils parcourent l'un ou l'autre versant. Dans le cas qui nous intéresse, cette différence dans les noms doit-elle être attribuée à une cause semblable? En tout cas, nous admettrons pour ces trois pics, le nom de pic de Rulle, réservant celui de pic Fontargente pour les masses au-dessus de l'étang et du port de même nom.

Quoi qu'il en soit, nous admirons les massifs de l'Albe et la région essentiellement pastorale de la haute vallée d'Aston avec les grands pics de la chaîne frontière : pics de Ransol, 2,697 mètres; de la Serrère, 2,911 mètres; de Rialp, 2,903 mètres, etc. Oh! ces haut pâturages de vallée avec leurs nombreux petits lacs aux couleurs éclatantes vertes ou bleues ! Quel calme et quelle tranquillité après les rudes régions traversées le matin ! Les yeux se reposent sur ces couleurs gaies du paysage ; ici plus que partout ailleurs, je comprends que l'on ait pu qualifier les Pyrénées de gracieuses. Et puis, beaucoup plus loin, les grands géants de l'Ariège : le Montcalm et la Pique d'Estats, dressent leurs cimes audessus de tous les sommets de la région. La vallée de l'Ariège se révèle à nous par une longue traînée blanche de brouillard au milieu de laquelle émerge la masse puissante du Saint-Barthélemy.

Mais il faut songer à la descente. Nous descendrons par le couloir herbeux qui sépare le premier sommet des deux autres, de manière à aller rejoindre deux petits étangs qui miroitent clairs et limpides au soleil. Ainsi décidé, nous nous mettons en marche; le couloir a une pente sérieuse, mais nous le descendons sans accidents et sans péripéties : à signaler seulement comme incident trois perdreaux blancs qui partent sous nos pieds en faisant entendre leur cri caractéristique et qui vont se poser 10 mètres plus loin, d'où nous nous amusons à les faire repartir.

Nous sommes bientôt en bas; car nous avons dévalé très vite les derniers mètres du couloir et nous contournons les deux petits étangs que nous avions aperçus depuis le sommet du pic. Le temps est superbe et ce beau soleil nous fait paraître la montagne toute souriante; toute trace de brouillard a disparu, les teintes sur ces hauts pâturages ont repris la chaleur et la saveur des teintes pyrénéennes.

Quels sont ces deux petits étangs? Sont-ce les estagnols de Rulle? Car du haut du pic nous avons regardé toute la région comme des dilettantes qui sont montés là-haut pour jouir d'un beau coup d'œil. Nous avons admiré les couleurs éclatantes de tous ces points qui étincelaient au soleil, et nous avons trouvé, au point de vue artistique, leur ordonnance dans ce haut massif absolument impeccable : mais nous ne nous sommes pas inquiétés des noms, pensant que nous les trouverions facilement sur la carte : et maintenant, voici que nous avons un doute. Si ces deux étangs sont les estagnols de Rulle, où est l'étang de Joucla de la carte d'État-Major? d'autant plus que mes hommes me certifient qu'il y a deux étangs de Joucla, qu'ils sont andorrans, et non français.

Y a-t-il ici erreur de carte? Ce point est trop important pour pouvoir être ainsi fixé sans une étude approfondie, et je ne puis le trancher, car la plupart de mes

PIC NOIR DE JOUCLA
Versant andorran.

hésitations me sont venues une fois de retour, quand, chez moi, j'ai déplié des cartes et que je n'ai plus eu que mes notes pour corroborer mes souvenirs.

Quoi qu'il en soit, nous marchons dans une direction sud, nous remontons un thalweg très large, nous dirigeant vers un col herbeux très facile que mes guides prétendent devoir être la frontière andorranne.

A droite et à gauche, une succession de grands pics : le massif de Joucla, tout rouge et composé d'éboulis de pierrailles, et le revers du cirque de l'Albe, dont les à-pics sont impressionnants.

Voici la frontière, et à nos pieds, un très grand étang (d'après mes guides), un des étangs andorrans de Joucla, 2,300 mètres? Nous allons aller déjeuner sur son bord.

A une heure et demie nous continuons notre course. Nous longeons le côté gauche de l'étang en gravissant des pentes herbeuses qui nous conduiront au col du Siscarou. Au fur et à mesure de la montée, l'étang se découvre à nous dans son entier; nous apercevons même le second étang situé un peu au-dessous : ce sont, l'un et l'autre, de très beaux lacs, entourés de très grandes montagnes.

La montée à la crête du Siscarou, sur des pâturages sans charme, est fastidieuse et longue. Mais, arrivés à la crête, nous sommes dédommagés. Vue du Siscarou, la haute vallée du Sisca ne manque pas de grandeur avec ses nombreux étangs aujourd'hui très bleus qui tranchent sur le vert brûlé des pâturages, ses pics à silhouette hardie : le pic d'Ascobs, qui ressemble à une tour penchée; le pic de la Cabannette, qui, tout schisteux, au milieu d'un massif granitique, se reconnaît à ses éboulis rouge sombre presque verticaux et se profile en rose et en gris sur le bleu du ciel.

Cette région avait tant de charme que nous résolûmes d'y prolonger notre séjour. Comme il n'était que 3 heures un quart, nous décidâmes de suivre la crête jusqu'au signal du Siscarou, 2,830 mètres, en passant par le pic du Siscarou, 2,634 mètres. Cette crête est facile sur le versant andorran, quoiqu'elle soit formée de rochers de granit; pas de *gendarmes*, ni de grandes différences de niveau. (La porteille du Siscarou, sur laquelle nous avons débouché, est barométrée 2,505 mètres.) Du côté français, au contraire, la pente est beaucoup plus roide; ce sont ces à-pics qui, vus du col de Puymaurens, nous avaient parus formidables.

Après le signal du Siscarou, nous descendons dans le fond du thalweg par une pente d'herbe assez forte. Nous trouvons ensuite un sentier qui nous mène dans la vallée du Sisca, en amont de l'étang : vallée toute granitique et essentiellement pastorale. Nous marchons vite sur ces pâturages, passant ainsi à côté du Saut du Taureau, beau gouffre dans lequel se précipite le torrent du Sisca; puis nous rejoignons la vallée des Baldarques et notre chemin du matin.

A 6 heures 30, nous sommes de retour à l'Hospitalet pleins d'enthousiasme pour la région que nous venons de traverser.

PIC D'ASCOBS. PIC DE L'ALBE

(2,775 mètres. — 2,764 mètres.)

Le 27 juillet 1900, j'étais à l'Hospitalet en train de dîner avec Marfaing. « — Demain, quel pic pouvons-nous faire? — Si monsieur le veut, nous pourrions faire le pic d'Ascobs. — Entendu, donc demain matin à 2 heures; » car il faut remonter toute la longue vallée du Sisca.

Le 28, à 2 heures, j'entends frapper à la porte. Vite, debout, c'est mon homme. On charge les sacs, on allume la lanterne et on part. On marche vite et silencieusement. Le jour nous prend quand nous sommes déjà haut et loin; à sa lueur naissante, les objets prennent des formes plus précises, mais les silhouettes se détachent encore en sombre sur le ciel plus pâle. Elles sont étrangement nettes à cette heure-là; le lever du jour est le moment de la journée où l'on peut le mieux étudier l'ossature des montagnes. Avec la lumière, les contours deviennent moins fixes et la couleur prend trop d'importance au détriment de la ligne : le matin, c'est l'heure du sculpteur; le soir, celle du peintre.

Un peu avant d'arriver aux étangs du Sisca, nous obliquons à gauche; nous passons ainsi à côté d'un étang couvert d'herbes aquatiques, l'étang de Moulsudo, et nous allons nous installer sur les bords de l'étang

PIC D'ASCOBS
Versant du Sisca.

de Regalecio, pour déjeuner et pour étudier le chemin à suivre. Derrière nous, un rocher à pic attire notre attention : il se trouve juste au-dessus de la porteille du Sisca. Nous cherchons son nom sur la carte, il n'en porte pas. — « Il nous faudra faire ce rocher, Marfaing. — Quand monsieur voudra. »

Le pic d'Ascobs ressemble d'ici à une tour; il est relié d'une part aux crêtes du Siscarou et de l'autre à celles de l'Albe. Un col qui domine un petit cirque couvert de neige le sépare de cette dernière crête; c'est par ce côté que nous monterons.

Ici, je prends mon journal de course.

A 5 heures 30, nous nous remettons en marche. Nous passons sur le déversoir de l'étang de Regalecio, et nous nous élevons très vite, à droite, sur des rochers. Nous relevons aussitôt une erreur de la carte d'État-Major. Le pic d'Ascobs est un pic frontière; il doit donc être reculé sur la carte à la frontière : le point coté 2,775 mètres est un simple pli de terrain sans importance. L'étang de Moulsudo doit être placé au-dessous du chemin de la porteille du Sisca : il n'existe pas d'étang à l'endroit où la carte en indique un. (La carte Marcaillou d'Aymeric le place d'une manière plus exacte quoiqu'elle se trompe, elle aussi, sur la situation du pic d'Ascobs.) Dès lors, l'étang d'Ascobs déverse ses eaux dans l'étang de Regalecio; d'ailleurs, au-dessus de ce dernier existent encore deux étangs non marqués sur les cartes.

Nous montons tout droit un couloir d'herbe pour aller atteindre des taches de neige et du rocher, et ensuite attaquer directement la pyramide terminale.

Cette montée se fait soit sur du rocher, soit sur des

corniches herbeuses, en se dirigeant de manière à aborder le sommet sous l'arête nord. Nous arrivons ainsi à un couloir de sable et de pierrailles à pente très roide, couloir raclé par l'avalanche, et dont toute la partie basse est pleine de neige. Nous traversons ce couloir pour atteindre de nouveau le rocher; un quart d'heure d'exercices de gymnastique divers nous conduisent au sommet, 2,755 mètres.

Le sommet est une étroite plate-forme formée de granits disloqués; nous avons là tous les matériaux nécessaires pour élever une tourelle, nous la construisons avec tout le soin désirable.

Le soleil est déjà haut et l'horizon est magnifiquement éclairé; la neige resplendit un peu partout encore, mais surtout sur les géants de l'Ariège, sur les grands pics de la vallée de Soulcem; les glaces du Néthou se confondent là-bas, bien loin, avec le bleu du ciel; plus près de nous les régions traversées, les montagnes andorrannes, la crête frontière, le Rulle, les massifs du Saint-Barthélemy, du Sabarthès, du Carlitte, les montagnes d'Orgeix et d'Orlu déroulent à nos yeux leur succession de pics. Elles ne sont pas encore brûlées par le soleil; leurs pâturages ont en cette saison des teintes vert pâle qui reposent les yeux des couleurs grises du rocher, ou du blanc éclatant de la neige. Juin et juillet sont les plus belles saisons de courses dans les Pyrénées. La neige n'a pas encore complètement disparu et les pâturages n'ont pas encore pris la teinte brûlée de l'automne, qui les fait paraître si monotones.

9 heures et demie. Nous nous décidons à redescen-

dre. Le cône terminal se descend par le même chemin,

PIC DE RULLE
Pris du sommet du pic d'Ascobs.

mais avec précautions; nous arrivons ensuite au couloir pelé, traversé en montant; la neige toute blanche nous tente, il nous faut une glissade; c'est si amusant de dévaler ainsi très vite. Nous glissons donc plusieurs

PIC D'ASCOBS
Versant andorran.

taches de neige avec l'intention d'aller rejoindre le pic de l'Albe sans trop redescendre.

Nous nous dirigeons ainsi vers un col qui s'ouvre au-dessous même du pic de l'Albe et qui forme le sommet de la liesse (1) Regalecio, la porteille de l'Albe, 2,520 mèt. Pour y arriver nous suivons les corniches d'herbe qui longent les pieds immédiats des roches qui forment la crête : quelques mauvais passages. Arrivés au col, nous escaladons droit devant nous et atteignons ainsi la partie méridionale d'un grand plateau couvert d'herbe, qui monte lentement vers le nord. Dans cette direction il se resserre, et se continue par une crête des plus étroites ; crête de granit formée de roche en place ; une espèce de pont de Mahomet (2), mais dont les parois sont beaucoup moins roides. Nous arrivons par ce chemin à la tourelle cotée 2,764 mètres.

Il y aurait, paraît-il, au sommet du pic, un anneau pareil à celui qui existerait sur le haut du Pédrous.

La vue de ce sommet est très analogue à celle du pic d'Ascobs ; à signaler pourtant, à l'ouest, le cirque de l'Albe, très imposant, surtout aujourd'hui, car il est encore plein de neige, ce qui lui donne très grand air : puis à l'est, immédiatement au pied du pic, un autre cirque également plein de neige au milieu duquel miroite un joli étang aux eaux très vertes, non placé sur les cartes ; et plus loin, les rochers de granit de la *tose* de Pédourès qui tombent à pic de l'autre côté du vallon de la Vaillette en escarpements imposants.

Nous ne restons que quelques minutes au sommet, il est 11 heures ; il fait très chaud et nous sommes à la

(1) On appelle liesse un couloir d'avalanche.

(2) On sait que le pont de Mahomet est un passage célèbre de l'ascension du Néthou.

recherche de l'eau. Nous ne la trouverons que plus bas, quand nous serons dans le fond des thalwegs, à la fontaine du clot de la Vaillette. Nous revenons donc sur nos pas de manière à gagner la *tose* et à descendre par le versant opposé à celui qui nous a servi à monter. Nous côtoyons le bord est de ce plateau, nous amusant à regarder les couloirs qui en descendent, couloirs qui n'ont pas l'air commode, surtout ce matin-là, car la neige en occupe toute la partie basse et le débarquement sur cette neige nous paraît difficile, une crevasse existant toujours entre elle et le rocher. D'ailleurs, nous savons par l'expérience du matin qu'il ne faut pas nous fier à la neige qui n'a pas encore vu le soleil ; elle est trop dure et nous n'avons pas de piolet.

Nous longerons donc toute la *tose* de l'Albe et nous descendrons, à son extrémité, sur une pente d'herbe vers de grands éboulis que nous voyons à nos pieds.

A 11 heures et demie, nous rencontrons une fontaine ; nous y déjeunons, en face du rocher qui nous avait frappés le matin à la montée ; nous le voyons maintenant sur son autre côté ; d'ici, il change complètement de forme ; autant sur le Sisca il était élancé et montait droit au ciel en une jolie aiguille svelte et pointue, autant, d'ici, il paraît ramassé et presque trapu. Ce qui lui donne cet aspect, c'est son sommet formé d'un bloc énorme de granit de 20 mètres de haut au moins, qui est en surplomb sur le vide.

Nous déjeunons délicieusement dans cette haute région, étendus sur les rochers et alanguis dans la fumée du tabac. Il fait si bon au milieu de la haute montagne quand on descend des grands pics ! Aussi est-il une heure

LES PYRÉNÉES ARIÉGEOISES
Prises du sommet du pic d'Ascobs.

et demie quand nous songeons à reprendre la marche.

Maintenant nous descendons lentement, oh ! très lentement, de ces hautes régions, en suivant la vallée de la

Vaillette. Nous nous retournons souvent vers le grand massif de l'Albe, dont les rochers se découpent sur le ciel et dont les cheminées peu prononcées se détachent en lignes noirâtres sur la masse même du pic. Nous contournons l'étang de Pédourès, très bleu cet après-midi, et dans lequel le rocher rouge vient se mirer, puis nous prenons la vallée des Baldarques.

A 6 heures, nous rentrons à l'Hospitalet.

PIC DE REGALECIO (1)

(2,590 mètres?)

Une seconde fois, la même année, je revins dans ces régions. La course au pic de l'Albe avait laissé en moi de profonds souvenirs, je voulais revoir encore ces contrées et puis essayer le rocher qui se dressait si abrupt entre les deux vallées du Sisca et des Baldarques, et auquel il fallait donner un nom. Comme il se trouve au-dessus des étangs de Regalecio, nous résolûmes avec Marfaing de le baptiser pic de Regalecio, bien que ce nom soit impropre, Regalecio voulant dire réglisse : pic de Regalecio signifierait donc pic de la Réglisse, or il n'y a pas de réglisse sur ce pic, par la raison qu'il est entièrement rocheux. Mais ce nom est si joli et sonne si bien quand il est prononcé avec l'accent tonique de la haute montagne, qu'il nous a tentés, et que nous l'avons préféré à celui de petit pic de l'Albe que quelques coureurs voulaient lui donner.

Donc le 24 août nous étions tous deux à l'Hospitalet, en train de préparer la course du lendemain. Mais, par où attaquer le pic? par le sud, c'est-à-dire par le Sisca? ou par le nord, par les Baldarques? Le côté du Sisca, d'après nos souvenirs, était formé surtout de

(1) Pic non indiqué sur la carte d'État-Major.

rochers interrompus par des cheminées herbeuses dont l'une arrivait jusqu'au sommet, mais cette cheminée semblait coupée en son milieu par une pierre lisse, devant laquelle on ferait peut-être demi-tour. Le côté des Baldarques, également rocheux, nous paraissait plus facile ; nous le soupçonnions traversé par des corniches qui pouvaient laisser espérer l'ascension. Ce sera donc par les Baldarques que nous partirons.

Le 25, nous quittons l'hôtel à 4 heures du matin. Il fait froid ; de grandes traînées blanches sont visibles sur le ciel ; ce sont des nuages balayés par le vent, qui souffle avec force. Toujours le même chemin, le sentier du Sisca, que nous abandonnons bientôt pour prendre celui des Baldarques après avoir sauté le ruisseau. A ce moment, le jour se lève ; il se révèle par la teinte de plus en plus pâle du ciel qui finit par devenir presque blanc et rosit légèrement, puis par les silhouettes heurtées et noires des masses de montagne qui nous entourent et qui petit à petit se précisent et se détaillent : elles auront des teintes sombres tant qu'elles n'auront pas encore été atteintes par le soleil : elles rougiront alors violemment et prendront toute la gamme des couleurs sous lesquelles nos yeux sont habitués à les voir. Ce matin pourtant, dès que nous pouvons discerner leurs formes, nous les trouvons extraordinairement blanches : il a neigé pendant la nuit.

Nous montons pourtant la vallée des Baldarques, et bientôt nous nous trouvons en face de l'Étang de Pédourès. Elle est étrange ce matin, cette région, et peu reconnaissable, avec ses rochers rouges et noirs, ses pics qui se détachent en sombre, ses herbes jaunes et brûlées, ses rhododendrons couleur rouille, cette neige toute fraîche et toute blanche qui forme un léger tapis accroché aux rochers rouges, aux herbes jaunes, aux anfractuosités noires, et là-haut, au-dessus, ces petits coins de ciel bien bleus, traversés par des nuages blancs à reflets noirâtres qui courent très vite. Quelle tristesse et quelle nature effrayante! C'est la montagne sauvage que nous avons devant nous, la montagne horrible qui repousse...

Sans nous arrêter longtemps, nous tournons à gauche et remontons le thalweg secondaire de la Vaillette, qui conduit à la porteille du Sisca, laissant à notre droite l'étang de Pédourès, si triste ce matin, avec ses eaux vertes et opaques.

Au moment où nous allons aborder la neige, nous nous décidons à faire la halte du matin; il est 6 heures et demie. Un feu est allumé avec des rhododendrons secs. Nous sommes à la fontaine des clots de la Vaillette, 2,310 mètres. Là, nous ne nous arrêtons que le temps nécessaire pour déjeuner, et puis de nouveau, nous marchons droit à la porteille du Sisca, car nous voulons y laisser le sac et y étudier ce côté du pic. En 20 minutes nous sommes au col, 2,450 mètres : il est 7 heures 10. Nous déposons le sac derrière un rocher et ne prenons avec nous que la corde et les bâtons.

Nous montons d'abord tout droit un couloir herbeux, actuellement plein de neige fraîche, ce qui rend la marche pénible; le vent souffle tellement fort, que nous nous demandons s'il ne sera pas un obstacle à la course.

Au bout d'une demi-heure de montée, nous arrivons au sommet du couloir : au pied du rocher. Maintenant nos idées sur le pic de Regalecio se précisent. Ce pic est une pyramide absolument rocheuse, entourée au nord et à l'est par une corniche herbeuse. Devant nous, le rocher ne semble pas trop mauvais ; ce sont des masses granitiques, en général lisses, mais peu inclinées et séparées les unes des autres par des corniches herbeuses extrêmement réduites ; essayons-les.

Marfaing part en tête ; il glisse énormément, mais il parvient à monter les 3 mètres du premier ressaut ; les pieds, les mains, les genoux, les coudes sont entrés en jeu ; il se cramponne à tout ce qu'il trouve. Je monte derrière lui.

Nous nous trouvons ensuite sur une corniche d'herbe. « Attention, monsieur, dit soudain Marfaing ; » une rafale arrive, nous la recevons, cramponnés à la paroi rocheuse que nous avons devant nous, nous faisant tout petits pour ne pas offrir de prise, car nous aurions beaucoup de chances d'être enlevés et déposés dans le fond du cirque à 100 mètres au-dessous. Devant nous, sur la *tose* de la Neressole, la neige tourbillonne d'une manière étrange ; les fines poussières sont balayées et entraînées bien loin. Le temps est peu rassurant. Mais comme le pic est peu élevé, nous continuons toujours l'ascension. Après quelques pas sur la corniche horizontale, dans une direction sud, nous reprenons à nouveau le rocher. Ici, un rétablissement devient nécessaire ; rétablissement facile sur une pierre en saillie et qui est solide, puis de nouveau une étroite plate-forme.

Maintenant un pas critique, une enjambée à faire sur le vide, enjambée qui demande une certaine attention. Une étroite corniche herbeuse ensuite et, de nouveau, des rochers lisses heureusement sillonnés par quelques rainures qui permettent aux phalanges de s'accrocher, aux genoux et aux clous de se poser sans trop glisser. Nous trouvons ensuite une pente herbeuse assez roide que nous montons : nous nous élevons ainsi d'une vingtaine de mètres et arrivons alors au pied d'une cheminée rocheuse de 4 mètres de haut, absolument verticale et sans saillie, sauf à 2 mètres au-dessus de nous, une pierre qui s'avance de 50 centimètres.

Va-t-il falloir faire demi-tour? telle est la question que je pose, anxieux; mais Marfaing, sans dire une parole, prend son grand bâton et avec son aide cherche à s'assurer si cette saillie est solide. L'examen lui paraissant concluant, il me demande de l'aider à l'atteindre. Il parvient ainsi à y placer deux phalanges, et alors commence un des plus beaux rétablissements qu'il m'ait encore été donné de voir. Lentement il effectue ce travail; petit à petit, sa tête monte à la hauteur de la pierre, puis sa poitrine et enfin sa ceinture. A ce moment, maintenu par ses deux bras tendus, tout le corps dans le vide, il lâche la main droite qu'il cherche à fixer sur le haut de la cheminée, mais ses doigts glissent; après deux ou trois essais infructueux, il parvient pourtant à l'y placer : alors uniquement suspendu par cette main il abandonne son point d'appui, et vient placer son autre main à côté de la première. Un nouveau rétablissement lui permet d'atteindre le sommet, une grande dalle plate. C'est à mon tour maintenant. Il m'envoie la corde et je m'attache solidement, car je confesse que dans ce passage il m'a hissé. C'est la première fois, mais encore la seule fois que je me sois fait hisser. Ce genre d'ascension est des plus désagréables et ne présente aucun charme; aussi je ne l'adopte que quand je ne puis faire autrement; en cette circonstance, mes talents de gymnasiarque étaient absolument insuffisants.

Nous nous apercevons alors que nous sommes arrivés au sommet. Quelques pas dans une direction ouest, sur une crête peu large, formée de gros blocs, et nous sommes sur une plate-forme étroite : la cime. Il est 8 heures 10, le baromètre donne 2,590 mètres.

La vue est des plus limitées; nous ne voyons absolument que ce que les grands pics rapprochés de nous nous permettent de voir, c'est-à-dire des échappées sur les pics des vallées des Bézines et d'Orlu par le côté des Baldarques, sur les pâturages de Puymaurens par celui du Sisca.

Avant de quitter ce sommet, nous y élevons une tourelle.

A 8 heures et demie, nous commençons la descente, pendant laquelle je serai cordé tout le temps pour empêcher un faux pas qui amènerait une chute mortelle. Il nous faut d'abord descendre la première cheminée : ce passage s'effectue sans accident. L'un et l'autre, nous nous laissons d'abord glisser à bout de bras, puis je me fais descendre à la corde un mètre : Marfaing, lui, saute ce mètre en se servant de son bâton solidement coincé sur la plate-forme du bas, ici suffisamment large.

A ce moment, nous remarquons que presque tout le sommet du côté nord est formé par un bloc énorme de granit, bloc qui est détaché par une fissure du reste de la montagne et qui est prêt à tomber. C'est ce rocher qui nous avait paru en surplomb lorsque nous examinions le versant nord du pic en descendant de notre course précédente au pic de l'Albe. Nous étions bien loin alors de lui soupçonner une situation aussi instable. Dans combien de temps sera-t-il précipité tout entier dans le vide? et une fois ce gros bloc détaché, que deviendra le pic de Regalecio? se maintiendra-t-il à la hauteur que nous lui avons trouvée? ou bien s'affinera-t-il tellement que sa crête, trop peu large pour résister aux assauts violents de la nature, se disloquera, elle aussi, et sera entraînée dans les grands chaos situés à ses pieds? Et alors, nous aurons un nouveau pic de Regalecio, pic moins haut et probablement moins svelte qui se dressera solitaire dans ces hautes régions, jusqu'à ce que lui aussi ait le sort de celui que nous connaissons. Qui dira que cette décomposition de la montagne est lente? Oh! non, elle est rapide, trop rapide même. Interrogez seulement les pâtres; tous ils pourront vous citer, dans des fonds de thalwegs ou sur des versants, des chaos qu'ils ont vu se former. Il ne faut pas plus d'une génération d'hommes pour assister à la transformation de la montagne. Cette décomposition continue de notre monde m'a toujours paru un problème passionnant et étrangement mystérieux. Plus que jamais alors, quand je me trouve devant lui, je me plonge dans les grandes pensées des infinis et des au-delà...

Maintenant nous reprenons nos traces de la montée jusqu'à la pente herbeuse, et à 9 heures et demie, nous sommes de retour au col.

La descente de la porteille du Sisca dans la vallée se fait sur des pâturages; nous passons ainsi au-dessus des étangs de Moulsudo, et nous retrouvons le sentier que nous avons déjà suivi plusieurs fois : le temps à ce moment se remet décidément au beau, le soleil apparaît, le chaud soleil d'août, et avec lui la neige fraîche fond, la montagne reprend dès lors son aspect accoutumé. Nous laissons à côté de nous des cabanes de pâtres enfumées, celles de la Bésine, du Coulade et du Four, et nous retombons sur le chemin superbe construit pour empêcher les troupeaux de s'abîmer sur les rochers du Saut du Taureau. Bientôt nous sommes au confluent des ruisseaux du Sisca et des Baldarques. Le village de l'Hospitalet est à nos pieds; quelques minutes nous suffisent pour l'atteindre par l'horrible chemin caillouteux qui y conduit.

Nous faisons notre entrée par le côté de l'Andorre; aussi devons-nous descendre la rue, l'unique rue de cette commune française. Cette rue pavée de petits cailloux noirs et bordée de maisons noires est horriblement triste; elle paraît étroite et sale plus encore pour nous qui venons de passer quelques heures dans les hautes régions au milieu des grands horizons. Quelques regards curieux nous sont jetés à la dérobée, mais on nous reconnaît vite et l'on ne se dérange pas. Pour cette population qui vit uniquement de commerce, qu'est-ce que la montagne? elle s'en désintéresse complètement, au point même qu'il est impossible de trouver à l'Hospitalet un guide; il faut aller le chercher à Mérens.

Quelques minutes après, nous sommes installés devant un copieux déjeuner, pendant lequel nous résumons ainsi avec Marfaing le bilan de la journée : une première pyrénéenne, car toutes les probabilités sont que le pic de Regalecio était encore vierge.

PIC DE BRASSEIL

UNE TENTATIVE PAR ORLU

LA CIME PAR ASCOU

(2,220 mètres.)

Les touristes et les baigneurs qui ont été à Ax ont pu remarquer un pic qui se dresse très abrupt entre les deux vallées d'Orlu et d'Ascou : le pic de Brasseil. Il se détache de toute la crête autour de lui, et profile dans le ciel une silhouette très fière. Aussi attire-t-il immédiatement les regards. Moi aussi, j'avais subi ces impressions communes; mais j'admirais ses formes comme un dilettante qui regarde une œuvre d'art sans penser l'acquérir. Malgré ce profil si roide, le pic, vu sa faible hauteur, me semblait devoir être d'une conquête facile. Plusieurs courses faites dans la vallée d'Orlu m'ont fait revenir sur cette manière de voir. Ce pic m'a paru dès lors non seulement capable de passionner un montagnard, mais même devoir le faire. Du côté d'Orlu, il s'élève droit depuis le thalweg de la vallée à 1,050 mètres jusqu'au sommet 2,220 mètres en escarpements des plus abrupts. Son pied jusqu'à la cote de 1,500 mètres est couvert d'une maigre forêt de chênes et de hêtres; au-dessus ce sont des rochers verticaux.

Deux couloirs le limitent : l'un à l'est, en partie her-

PIC DE BRASSEIL

Un gendarme.

beux ; l'autre à l'ouest, rocheux : ce dernier est un torrent profondément encaissé dans le rocher, qui descend de la crête en une succession de cascades. Entre ces deux couloirs le rocher tombe vertical dans la vallée en décrivant un léger arc de cercle.

Faire ce pic devenait peu à peu pour moi une obsession; ces rochers lisses m'avaient captivé, personne, m'avait-on dit, n'était encore monté par là. Mais qui sait, peut-être trouverait-on des saillies qui permettraient un passage? Un chasseur d'isards à la chasse l'avait traversé dans sa longueur; il avait bien juré, il est vrai, qu'on ne l'y prendrait plus, mais enfin il avait passé. Puisqu'un passage existait pour traverser, on en trouverait peut-être un pour monter? Mes renseignements m'avaient en outre appris que l'ascension était très facile par Ascou. Mais c'était par Orlu que je voulais attaquer ce rocher; car c'était par ce versant que ce pic m'avait attiré. Chaque fois que j'arrivais à son pied j'étais étonné et stupéfait de voir une telle masse rocheuse et si verticale, c'était presque comme le pic Marfaing du côté de la porteille des Maranges.

Aussi le 12 octobre je couchais à Ax avec un pâtre de Vicdessos, Pierre Rauzy. Le lendemain nous partions tous les deux à 4 heures pour Orlu. Nous étions tous les deux jeunes, et disposés, malgré la monotonie, à enlever à pied les 8 kilomètres de grande route. Il faisait encore nuit : nous marchions très vite.

C'est d'abord le village d'Orgeix que nous traversons; personne ne bouge, aucun chien même ne signale notre passage. Puis c'est Orlu que nous laissons derrière nous. Le jour petit à petit se lève. Nous distinguons maintenant les deux versants de la vallée, très abrupts avec leurs bois et leurs rochers. Je connais peu d'endroits aussi rocheux que le côté droit de cette vallée. Les rochers y prennent des formes multiples; ils se découpent en une quantité de figures bizarres, de tours, d'animaux, de constructions : ce sont de merveilleux champs d'entraînement pour un grimpeur.

Plus loin nous atteignons la forge d'Orlu, dont nous traversons le parc. Quel endroit délicieux avec ses grands arbres et son torrent qui se brise contre les rochers du fond du lit en une multitude de gouttelettes. Ces gouttelettes reflètent et décomposent les quelques rayons de soleil qui arrivent à percer le feuillage. Ce sont alors des jeux de lumière multiples et des reflets infiniment changeants.

Ce matin-là pourtant, et contre mon habitude, je passe très vite, le jour se lève à peine, tout est encore sombre, et puis je suis plein de mes pensées qui toutes se portent vers le rocher que nous allons tenter.

A 7 heures, nous l'avons devant nous, et nous nous installons pour déjeuner en face du couloir ouest. Tout en mangeant, nos regards se portent sur notre futur itinéraire. « Biettasé, dit Pierre, je n'avais encore jamais vu autant de rochers; ce sera mauvais. » En effet, le bas n'a pas l'air commode. Nous sommes frappés de la quantité de cascades et de ressauts que ce couloir offre; de chaque côté, il y a, il est vrai, la forêt qui nous permettrait de nous hisser sous bois, mais nous ne savons pas si nous pourrons redescendre des parois dans le fond, car d'ici il nous semble que ces parois sont absolument lisses. Au-dessus de la forêt, le couloir a l'air de devenir meilleur; quant à chercher un passage ailleurs, nous pensons qu'il ne faut pas y songer.

Malgré cette première inspection défavorable à la réussite de l'entreprise, nous nous décidons à l'essayer: nous montons par le versant gauche du couloir, sous bois, de manière à gagner, au-dessus de la première cascade, le lit qui est absolument à sec. Mais une fois ce point atteint, nous constatons que nous sommes sur une plate-forme de 10 mètres de long, limitée du côté de l'amont par un mur vertical de 15 mètres, absolument lisse et glissant, et sur lequel sont accrochés des mousses et des sphagnes. Impossible de monter par là. Donc, il nous faut changer nos plans pour tourner ce ressaut. Cette fois, nous nous élèverons sous bois par le versant droit, et nous manœuvrerons de manière à aller atteindre le sommet de cette nouvelle cascade. Mais nous retrouvons là exactement la même configuration que plus bas; de nouveau une grande muraille se dresse devant nous. Quel parti prendre maintenant? Je forme alors le projet d'envoyer Pierre sur le versant gauche; il essaiera de voir si, ces mauvais pas franchis, le chemin ne serait pas meilleur. Les parois sont formées de rochers lisses de granit à grain très fin, traversés de-ci de-là par d'étroites corniches excessivement glissantes. Rauzy veut les monter, mais ses clous ne mordent pas, il ne peut arriver à s'élever, aussi est-il forcé de se déchausser. Une ascension d'une dizaine de mètres lui permet d'examiner le couloir : il me fait de là signe de le suivre, car du point où il est, nous pouvons facilement gagner le bois qui se trouve au-dessus des berges immédiates de la che-

PIC DE BRASSEIL.
Dans les cheminées.

minée. Nous nous passons à la corde les sacs et les appareils, puis je monte à mon tour en prenant des corniches un peu différentes de celles par lesquelles

Pierre s'est hissé ; cordé, j'arrive à côté de lui sans être forcé de me déchausser.

Nous atteignons ensuite le bois sans difficulté; là, nous nous élevons très rapidement; la pente est des plus roides, mais des herbes et des feuilles mortes nous permettent d'avancer relativement vite, bien que nous soyons continuellement arrêtés par les branches des arbres. De temps en temps aussi, nous trouvons des rochers sur lesquels l'un de nous se hisse, pour nous permettre de nous orienter.

Soudain nous entendons du bruit devant nous; et nous voyons descendre très vite des masses fauves : ce sont des isards qui dévalent un couloir herbeux par bonds fantastiques. « Mauvais signe, dit l'un de nous, ces isards auraient dû monter au lieu de descendre, certainement nous ne monterons pas. — Continuons, nous verrons bien. »

Petit à petit, le bois devient de moins en moins épais. Nous nous rapprochons alors de la cheminée de manière à pouvoir profiter du moindre passage qui nous permettra de nous glisser dans son intérieur.

Maintenant nous sommes sortis du bois, nous marchons sur des herbes très longues et très vertes, couchées les unes sur les autres et qui recouvrent une corniche étroite; aussi tâtons-nous avec nos bâtons l'emplacement de chacun de nos pas de manière à n'être pas exposé à mettre un pied dans le vide. A notre gauche une pente d'herbe impressionnante; à notre droite un rocher vertical et lisse; devant nous le rocher noir et luisant qui paraît interrompu par une grande coupure (le couloir que nous voulons suivre), puis qui remonte de l'autre côté très haut en un mur effroyablement roide et extrêmement droit.

La corniche se termine bientôt par un rocher que nous montons en nous collant à sa paroi, — mauvais pas.

Là, Pierre part de nouveau en reconnaissance : il descend quelques rochers lisses et des pentes herbeuses pour aller gagner le fond du couloir, et savoir si dorénavant on pourra monter par cette voie.

Moi, j'examine le haut du couloir; je le vois aboutir à un obélisque de granit qui d'ici ressemble à un capucin en prière. Le couloir paraît praticable à partir d'un point situé à 100 mètres de nous. Mais comment atteindre ce point? Pour y arriver directement de l'endroit où je suis, ce seraient des rochers lisses à surfaces arrondies et sans prises, presque sans corniches, qu'il nous faudrait franchir : inutile d'y songer; quant à essayer d'y arriver par le couloir, on se heurterait à une des cascades les plus formidables qu'il m'ait encore été donné de voir, une cascade de 20 mètres formée par un bloc coincé entre les deux parois; à la lunette, cette cascade paraît impraticable, car aucune saillie n'existe sur les côtés et l'on ne peut songer à en monter le fond, étant donnés le vide et le surplomb de la pierre; d'ailleurs, le pourrait-on, il faudrait atteindre cette cascade. Pierre, qui vient me rejoindre, déclare qu'on ne peut l'aborder par le lit même du couloir; il s'est trouvé en présence d'un ressaut de 25 mètres au moins, semblable à ceux que nous avons déjà trouvés et tournés.

Quelles minutes cruelles d'incertitude que celles que l'on passe ainsi avant de s'arrêter à un parti! Examinons encore : nous découvrons alors à 50 mètres au-dessous de nous deux grandes coupures taillées dans le rocher et qui nous semblent devoir être des couloirs secondaires qui montent au sommet directement; d'ici nous les devinons, il faut aller les voir. Cette découverte nous donne de l'espoir : car l'un et l'autre nous sommes bien découragés; et puis le temps se gâte : il fait froid, le vent souffle du sud et amène avec lui de grands brouillards : le soleil n'a pas paru de toute la journée. Oh! que ces rochers sont noirs et tristes.

Nous faisons donc demi-tour. Il nous faut d'abord descendre de notre observatoire, puis reprendre la corniche herbeuse pour tourner le bloc énorme de rocher vertical qui la limite du côté de la montagne; nous arrivons ainsi au pied d'une muraille d'herbe que nous montons en nous servant autant de nos bras que de nos jambes; heureusement l'herbe est solide. Au bout de dix minutes de montée, Pierre s'arrête : « Monsieur, on ne monte plus, nous atteignons le rocher, et puis le temps se gâte tout à fait. »

Mes yeux se portent tout d'abord au-dessus de moi, dans cette direction, je ne vois que les clous des talons de mon guide à quelques centimètres de ma tête; et ensuite derrière moi, de ce côté je promène distraitement mes regards sur le versant opposé la vallée qui se perd dans le brouillard; mon cœur bat bien fort, car maintenant il faut prendre une résolution grave. Évidemment il faut battre en retraite, mais allons-nous réessayer ailleurs, ou bien abandonner la tentative. Il est dix heures, nous sommes à la cote 1,850 mètres.

« Peux-tu voir quelque chose? — Je ne vois rien. » Nous sommes accrochés l'un au-dessous de l'autre à un mur d'herbe et l'un et l'autre complètement démoralisés. Autour de nous nul bruit, nos respirations mêmes, qui tout à l'heure étaient très bruyantes, se sont soudain arrêtées; nous sentons bien qu'il faut faire demi-tour, mais aucun de nous ne veut prendre l'initiative du mouvement... « Allons, descendons. »

Maintenant, nous redescendons lentement, le visage tourné contre la montagne, car nous n'avons pas pu nous retourner; nous descendrons ainsi jusqu'à ce que nous retrouvions le bois. Nous ne disons rien. Que dirions-nous d'ailleurs après le parti que nous venons de prendre! Il a fallu nous incliner devant ce que nous avons déclaré aujourd'hui impossible. Demain, peut-être, aurions-nous essayé de monter encore plus haut, car c'est le propre de la montagne d'être extrêmement changeante; tel passage qui aujourd'hui nous semble infaisable, nous aurait peut-être demain paru moins mauvais. La difficulté dans la montagne tient non seulement à sa nature elle-même, mais surtout aux dispositions morales de l'homme qui entreprend sa conquête. On m'a dit plus tard que quelqu'un était monté au pic de Brasseil par le versant d'Orlu, ce dire est à vérifier; s'il est exact, je ne sais par où il a fait l'ascension, mais il me semble difficile que ce soit par les rochers contre lesquels nous sommes venus nous butter. Il est vrai que dans ces roches très lisses et très glissantes on ne voit pas grand'chose autour de soi, et qu'il peut exister à quelques centimètres plus haut ou plus bas que la voie suivie par nous un passage où l'homme peut s'accrocher.

La descente s'effectue exactement par le même chemin, et nous y retrouvons les mêmes difficultés.

A midi et demi nous sommes en bas, déjeunant à la même place que tout à l'heure, mais mécontents et tristes, alors que tout à l'heure nous étions encore pleins d'espoir. Nous regardons à nouveau le pic et les grands rochers : tout le haut a disparu dans le brouillard. Le brouillard gagne partout, la porteille d'Orlu ne se voit plus : la haute vallée disparaît dans un nuage épais qui reste accroché comme un grand manteau aux arêtes et qui tend à descendre. « Dépêchons-nous, dit Pierre; » en effet une pluie fine vient nous surprendre. Nous sommes vite debout, car avant que le temps ne se gâte tout à fait, il faut songer à rentrer.

Nous reprenons la grande route d'Ax, nous repassons aux forges d'Orlu; la pluie, qui se met à tomber très dru, nous fait accélérer encore l'allure. Elle nous fouette en plein visage, et elle est très froide : et puis, autour de nous, tout disparaît dans le brouillard et l'averse.

En somme, nous venons de faire une tentative infructueuse au Brasseil : la montée par le versant d'Orlu me semble très difficile, si même elle est faisable. Quant à nous, nous ne pouvons pas dire avoir trouvé de très grandes difficultés, n'ayant pu aborder les passages qui paraissaient les plus mauvais à cause de l'insuffisance des prises. Nous nous sommes arrêtés au pied même des grandes difficultés parce que le rocher se présentait devant nous infaisable.

Quelques jours plus tard, je revins au Brasseil, en compagnie d'un de mes amis, M. Vincent Cénac, l'un des premiers grimpeurs des Pyrénées, et du guide Jean-Marie Bordenave, de Cauterets. Nous avions résolu de faire une simple promenade de sommets : monter au Brasseil par le versant d'Ascou et redescendre sur celui d'Orlu, par le couloir herbeux qui limite à l'est le pic. Nous quittons Ax à pied à 5 heures du matin, et nous remontons la vallée d'Ascou. Nous laissons successivement derrière nous le village lui-même d'Ascou, et diverses granges. A 8 heures, nous apercevons dans le fond d'une vallée secondaire la masse du Brasseil, fièrement campée au fond d'un cirque en partie boisé. Elle détache sur un ciel gris sa silhouette élégante : des neiges fraîches sont accrochées à ses flancs et remplissent ses couloirs; ses rochers paraissent encore plus sombres à côté de cette blancheur.

Nous nous engageons dans la forêt en suivant un chemin de vidange et en nous rapprochant de la masse même du pic : très beau cirque. D'ici j'aperçois très nettement le capucin de pierre, objectif de ma tentative précédente. Le couloir au sommet duquel il est placé débouche à la crête, à 100 mètres environ au-dessous du sommet, et beaucoup plus à l'ouest que je ne le pensais ; même dans le cas où nous serions arrivés au sommet du couloir, nous n'aurions pas été rendus au sommet du Brasseil ; il nous aurait fallu longer une arête, ce qui probablement eût été une opération dangereuse.

Aujourd'hui nous obliquons à gauche sur des pelouses pour aller aboutir à un col situé au nord-est du pic, car le pic de Brasseil nous présente des escarpements sérieux et de beaux couloirs au nord. Ces couloirs seraient tentants s'ils n'étaient pas remplis de neige fraîche. Aussi aborderons-nous le pic par le côté nord-est. Sur ce côté le cône terminal est formé d'une pente herbeuse très roide qui monte au sommet.

A 10 heures, nous sommes au col ; le mauvais temps qui régnait depuis quelques jours et qui semblait vouloir se lever nous prend ; c'est dans le brouillard que nous allons faire cette partie de l'ascension, brouillard peu épais, il est vrai, mais qui nous empêche de voir au delà de 20 mètres.

De ce point, en une demi-heure nous montons sur des herbes et de la neige fraîche au sommet du pic. La cime est formée d'une large arête de granit et d'herbe. Vue absolument nulle à cause du brouillard. A signaler un isard qui passe à 5 mètres de nous, solitaire et sans hâte. L'apparition de cet être vivant sur ce rocher ne serait pas sans nous impressionner, si nous ne pensions involontairement au chamois de Tartarin. A noter également une coupure rapide et subite dans le brouillard qui nous permet de jeter les yeux sur es crêtes du versant opposé de la vallée d'Orlu.

Nous voyons ainsi des pâturages très brûlés et très jaunes, des rochers très gris et très noirs, de la neige très blanche, tout cela encore humide d'un brouillard non ressuyé, ce qui donne au paysage des tons durs et heurtés. Mais bientôt cette rapide échappée disparaît à nouveau dans une mer de nuages et s'efface de notre vision.

La descente s'effectue par le même chemin jusqu'au col où nous avons laissé nos sacs. Nous les reprenons et nous nous mettons en devoir de franchir les crêtes herbeuses qui nous séparent de la vallée d'Orlu. Nous trouvons une cheminée d'abord herbeuse puis rocheuse ; c'est le lit d'un torrent. Ce torrent ressemble à celui que j'avais essayé de monter précédemment, mais les ressauts qu'il présente sont bien moins hauts et sa pente générale est moins rapide. Nous le suivons en nous maintenant sur ses berges, d'abord à gauche, puis à droite lorsque le bois apparaît, et enfin de nouveau à gauche quand nous apercevons un sentier tracé dans la forêt de ce côté.

A 2 heures, nous avons rejoint le fond de la vallée. Cependant le brouillard s'est établi en maître dans les hautes régions et forme une grande ligne blanche horizontale qui limite à quelques centaines de mètres au-dessus de nous le paysage ; les à-pics et les rochers vont se perdre dans ce blanc grisâtre ; c'est à peine même si nous pouvons distinguer le bas du couloir ouest du Brasseil.

Pourtant cette vallée d'Orlu méritait un examen plus sérieux que celui que nous pouvons lui donner, avec ses parties basses occupées par des bois de hêtres aux couleurs vertes et jaunes, ses pâturages brûlés, ses rochers gris qui profilent dans le ciel leurs formes fantastiques, ses à-pics impressionnants, et cette porteille d'Orlu qui semble une brèche ouverte par l'épée d'un des compagnons légendaires de Roland !

VICDESSOS

Voici Vicdessos et la grande chaîne ariégeoise, car c'est de Vicdessos qu'il faut partir pour attaquer les grands pics du massif du Montcalm ou ceux de la haute vallée de Soulcem; aussi Vicdessos est un gîte que j'ai fréquenté bien souvent, avant de monter vers les grandes solitudes et après être redescendu de tous les hauts sommets. D'ailleurs Vicdessos au point de vue pittoresque est admirablement situé dans sa plaine de prairies vertes, au confluent des vallées de Goulier, Suc-Sentenac, Saleix et Auzat, qui conduisent toutes aux grands pâturages des hautes régions. Il y a dans cet endroit une diversité de teintes incomparable : des blancs éclatants avec les rochers calcaires de Sentenac ou d'Olbier; des rouges couleur rouille avec les schistes d'Auzat; des verts sombres avec les forêts résineuses de Goulier; des verts clairs avec le bois des hêtres de la Guarrigue; il y a des dentelures bizarres qui se profilent hardiment dans le bleu du ciel avec le cap de Fume et les contreforts de Bassiès; il y a des neiges et des grands sommets avec le grand Montcalm que l'on aperçoit dès que l'on sort du village s'enlevant tout droit dans le fond de la vallée depuis 1,000 mètres jusqu'à 3,080 mètres.

Vicdessos se trouve donc ainsi un centre d'ascensions; c'est une étape pour les courses de sommets de la haute chaîne, pour les pics des vallées d'Artiès, de Soulcem ou de Lartigue; un point de départ pour les courses plus courtes telles que celles de Bassiès, du Dendron ou des cols qui conduisent dans les vallées du Saint-Gironnais. Mais Vicdessos a des inconvénients sérieux : ses gîtes sont trop primitifs. Le pyrénéiste heureusement doit n'être pas difficile!

Pour moi, Vicdessos a un charme particulier; c'est un trait d'union entre la vie civilisée de la plaine et la vie solitaire et sauvage de la montagne. Aussi je ne manque jamais de m'arrêter dans cet endroit, malgré le peu de confort qu'il m'offre. Et puis Vicdessos a été mon premier contact avec la montagne, car c'est par le Montcalm que j'ai débuté dans la carrière pyrénéenne. Aussi j'aime Vicdessos parce que c'est l'endroit où j'ai senti pour la première fois les joies des grands sommets, la fièvre des veilles d'ascensions, et les griseries des retours.

Que d'impressions douces et réconfortantes n'ai-je pas rapportées de ce centre pyrénéen, lorsque le soir j'allais me promener jusqu'à Auzat, regardant les blanches neiges scintiller sous les rayons pâles de la lune nouvelle, ou me perdre dans les rues sombres de ce grand village.

Ensuite Vicdessos est très coquet; c'est la ville dans laquelle tous les montagnards viennent prendre contact avec le monde extérieur. Aussi voit-on de toutes parts les hommes et les femmes arriver les jours de foire ou de fête : les hommes vêtus d'un pantalon de bure bleue ou marron, avec un gilet de même étoffe passé par-dessus un tricot de laine blanche; sur la tête le béret, le beau béret pyrénéen, qui donne à toute cette race de montagne un cachet particulier, et, négligemment jetée sur l'épaule, la *capète,* un capuchon de laine blanche, étoffe tissée à la maison et par des procédés très primitifs. Les femmes en robe couleur sombre; toutes invariablement coiffées d'un mouchoir blanc ou noir plié en triangle et noué autour du cou, faisant ressortir l'ovale régulier de tous ces visages hâlés et brunis par le grand air et le soleil. Tous ces montagnards vont ainsi s'approvisionner en poussant devant eux des ânes qui rapporteront le soir leurs provisions, ou bien vendre les produits de leur dur pays : le bétail et surtout le mouton.

Il m'a été donné d'assister à Vicdessos à ce spectacle très curieux pour l'étranger, d'une fête de village.

Je descendais je ne sais de quel sommet, noir de hâle, ruisselant de sueur. A mon entrée dans la cuisine de l'hôtel Arsène, je vis qu'il s'y passait quelque chose d'anormal. « C'est demain la fête locale, il faut que vous y assistiez, me dit l'hôtesse. » C'était bien tentant, aussi mon parti fut vite pris; je résolus de voir la fête de ce village pyrénéen. Le lendemain, dimanche, je fis dans la journée une courte promenade dans les hautes régions, un simple exercice d'entraînement pour pouvoir respirer de nouveau l'air des grands sommets qui me grisait depuis deux jours. J'allais tout en flânant

VALLÉE DE VICDESSOS
Sous une mer de nuages

aux étangs d'Izourt regarder encore une fois ces eaux sombres, encadrées dans un cirque de pâturages très verts et dominées par des rochers très rouges. J'admirais la masse trapue du pic de l'Aspre, les aiguilles abruptes qui enserrent le couloir du port de l'Albelle, et les ressauts qui conduisent aux étangs Fourcat : et je flânais sur ces bords. On était si bien dans ces coins si sauvages et si hauts, sans aucun souci, libre de toute pensée profane et absorbé par la contemplation de la grande nature. Malgré lui alors, l'homme se recueille; il pense aux causes qui ont pu ainsi amener tant de bouleversements; le grand problème de la création et de la formation de notre monde, mais aussi celui de sa destruction, élèvent son âme et son esprit vers les grandes pensées... Et je passais ainsi une journée, loin du bruit, dans les régions des grandes solitudes. Le soir je rentrais à Vicdessos.

C'était une soirée d'août délicieuse, une soirée comme l'on n'en trouve nulle part ailleurs que dans les Pyrénées; une soirée où les plantes sentent plus fort que dans les autres pays français et vous enivrent d'une manière plus complète; une soirée où les rivières murmurent plus doucement; une soirée où le rire sonne comme un cristal plus pur et où les yeux brillent avec plus d'éclat. Aussi les jeunes filles se promènent toutes par bandes, se tenant étroitement serrées l'une contre l'autre; on dirait dans leurs robes claires de jolies brochettes d'oiseaux rares. Elles attendent les premières mesures de l'orchestre.

Maintenant, sur la place, l'orchestre de cuivres attaque les premières danses et de toutes parts les garçons et les filles accourent; les jolies brochettes claires se sont dispersées et les couples se sont formés. En dehors des notes stridentes de la musique, on n'entend d'autre bruit que celui du sol continuellement frappé en cadence.

Jeunes gens et jeunes filles sont tous là se tenant enlacés, ils tournent et tournent d'une manière très rythmée et sans jamais se lasser Ce sont des polkas qui sont dansées sur une mesure très rapide; des quadrilles où danseurs et danseuses imaginent à l'envi des pas nouveaux, et rient aux éclats quand ils ont trouvé quelque chose d'original; des valses où l'on danse d'une manière silencieuse et recueillie.

Les couleurs claires sont mêlées aux sombres vêtements : les jolis cheveux sont confondus avec les casquettes et les bérets; tout cela tourne aux sons stridents de l'orchestre, éclairé par les couleurs joyeuses des lanternes vénitiennes accrochées aux arbres.

Puis, ce sont des promenades bras dessus bras dessous, quand la musique cesse de jouer; des promenades où l'on peut causer. Que de jolies choses doivent ainsi se dire, les soirs des jours de fête! Que de gais éclats de rire montent alors au ciel, faisant résonner haut et clair la joie de vivre!...

Il y a peu de pays où le rire soit plus joyeux que dans ces régions des grandes Pyrénées, et où la femme ait plus de grâce naturelle. Et moi, je regardais le spectacle qui se déroulait ainsi devant mes yeux, comprenant mal, avec mes idées du Nord, toute cette exubérance et toute cette gaieté. D'ailleurs, j'étais encore sous l'impression des grands spectacles de la haute montagne, tout ce bruit résonnait péniblement en moi et n'y trouvait pas d'écho, après le religieux silence des vastes solitudes.

Une danse venait de se terminer, et à côté de moi se tenait un couple qui me regardait avec étonnement, car mon costume de course tranchait sur tous les vêtements de la fête. Petit à petit, ce couple se rapprocha et nous entrâmes en relation. « Vous ne dansez donc pas, monsieur, » me demanda la jeune fille, une jolie Pyrénéenne très blonde, aux yeux très doux et très bleus, du même bleu que celui des lacs de haute montagne et du ciel des grands sommets. — Mais si, lui répondis-je, avec vous si vous le voulez bien, la prochaine valse. » Les jolis yeux s'ouvrirent alors démesurément et me regardèrent d'une façon railleuse; la bouche dessina une petite moue moqueuse, et puis un grand éclat de rire découvrit une rangée de belles dents blanches; car changer de cavalier dans le cours d'un bal était une proposition si inattendue, qu'elle lui paraissait absolument invraisemblable! C'était en effet un très vieil usage que l'on ne changeait pas de danseur dans ces fêtes de montagne. Elle se tourna cependant vers son cavalier, et lui demanda la permission d'accepter l'invitation de cet étranger si peu au courant des mœurs du pays.

Nous valsâmes ensemble; en dansant, j'appris que ces fêtes de village étaient presque entièrement consacrées à la danse; que l'on avait dansé dans l'après-midi, que l'on dansait le soir et que l'on danserait le lendemain toute la journée, puis que l'on danserait à nouveau dans huit jours ; que ce serait l'octave ; que de tout temps on avait dansé sur la place à cette occasion ; que c'était une très vieille coutume qui se perdait dans la nuit des temps. Et puis, nous causâmes de la montagne : ma petite danseuse me dit qu'elle l'aimait passionnément, et qu'elle comprenait qu'un étranger pût aussi l'aimer ainsi : elle me dit bien des choses encore, toutes très sensées, se rapportant à la montagne et aux usages du pays. Cette jolie Pyrénéenne était-elle naturelle à ce moment? ou bien s'étudiait-elle de manière à donner à l'étranger une haute idée de son pays et de sa race?...

La valse terminée, je rendis ma petite amie à son cavalier et je rentrai à l'hôtel, étonné de tout ce que j'avais vu et entendu ce jour-là. Je me demandais comment, dans un pays si sauvage, on pouvait trouver des gens dont les sentiments semblaient aussi différents de ceux de leur milieu. Il fallait probablement en chercher la cause dans un très vieil atavisme : et je me posais le problème de l'origine des races pyrénéennes. Sûrement dans ces hautes vallées, sur la race autochtone dure et rude comme la contrée elle-même, à front fuyant, à yeux profondément enfoncés dans leurs orbites, à maxillaires proéminents, se sont greffées des races plus élégantes et plus raffinées ; celles des Romains ou des soldats de Charlemagne qui ont traversé tous ces pays au moment des invasions ; des races orientales venues avec les Maures et les Sarrasins qui ont occupé en maîtres toutes ces régions ; puis diverses races de notre vieille France attirées dans ces contrées par les nombreux droits accordés par les seigneurs féodaux pour peupler leurs domaines; et aussi les races espagnoles voisines, à l'époque où les comtes de Foix, ceux de Pallas et les vicomtes de Castelbon étaient en rapport les uns avec les autres; et je m'imaginais ces pays des grandes Pyrénées traversés continuellement par des peuples nouveaux qui tous ont passé, ne laissant que quelques traces d'eux-mêmes, tandis qu'autour d'eux la région était immuable et se dressait majestueuse alors, telle qu'elle est aujourd'hui.

PIQUE ROUGE DE BASSIÈS

(2,677 mètres.)

Le 13 maï 1899, j'étais monté au port de Saleix, entre les vallées de Vicdessos et d'Aulus. La neige régnait encore en maîtresse sur toute la chaîne, elle descendait au-dessous de 2,000 mètres; seuls quelques rochers en émergeaient et formaient des îlots noirs au milieu d'un océan tout blanc. Comme il était de bonne heure, je résolus de revenir du port de Saleix à Vicdessos en passant par les étangs de Bassiès dont j'avais entendu depuis longtemps parler. D'ailleurs une exploration dans le massif de Bassiès n'était pas sans me tenter; j'avais souvent admiré en faisant la route de Tarascon à Vicdessos les arêtes déchiquetées de cette région de granit. Elle me rappelait vaguement, cette année surtout, avec ses neiges et ses rochers blanchâtres, la grande Maladetta. Nous passâmes du port aux étangs sur un champ de neige en longeant le pied du pic de Cabanatous, 2,058 mètres, et en traversant l'étang d'Alate, encore complètement glacé. C'est un des chemins que suivent les troupeaux pour aller paître à Bassiès. A midi nous étions installés sur les bords des étangs pour déjeuner. Le soleil était superbe; il éclairait magnifiquement tout le fond du cirque de Bassiès. Quel spectacle que cette étendue neigeuse se déroulant immense, jusque là-bas aux pics qui ferment notre horizon, et étincellent superbement; ces pics nous paraissent gigantesques drapés dans leur manteau blanc; leurs pointements rocheux nous semblent inaccessibles; ils s'enlèvent en crêtes de granit noir au-dessus de la neige qui n'a pu s'accrocher à leurs aspérités et se profilent en une ligne nette sur le beau bleu du ciel. C'était une vue majestueuse; aussi mon désir de monter là-bas sur tous ces grands pics s'accrut, et je combinai immédiatement une ascension.

Le mauvais temps empêcha mon projet de se réaliser avant le 5 juin. Ce jour-là, j'arrivai déjeuner à Vicdessos. Le temps, qui avait été beau, se gâta soudain; mon guide, un pâtre d'Auzat, un Denjean, je crois, regardait mélancoliquement le ciel tout gris; les brouillards flottaient très bas, enserrant le cap de Fume, dont ils dessinaient ainsi toutes les aspérités. Ils ressemblaient aux vagues de l'Océan qui battent les falaises de la côte; ils couraient en longues traînées le long des rochers. Une pluie très fine tombait, pourtant le baromètre était au beau et les hirondelles volaient très haut: ce n'était qu'une bourrasque, donc nous partirions.

Trois chemins mènent aux étangs de Bassiès où nous devons passer la nuit : celui qui part du port Saleix, celui qui monte droit au-dessus de Saleix à travers le canton forestier de Jupset, et enfin celui qui suit le torrent de Bassiès, ce dernier a reçu le nom de chemin des vaches; c'est celui que nous devons prendre.

A cause du mauvais temps, nous quittons Vicdessos très tard, car nous espérons une éclaircie qui ne se fait pas : nous sommes quatre, deux amis qui doivent m'accompagner jusqu'aux cabanes, le guide et moi.

Sous la brume, nous prenons la route d'Auzat. Nous traversons ce village très vieux, formé de maisons très serrées les unes contre les autres, le long d'une ruelle pavée de pierres noires arrondies par un passage très ancien. Puis, nous nous engageons dans la vallée de Marc; bientôt nous laissons à notre gauche la vallée d'Artiès, et obliquons à droite en face du torrent de Bassiès, pour prendre les lacets du chemin des vaches.

Rude montée : — la caravane est silencieuse, sombrement impressionnée par le temps; elle monte vite, car il faut arriver aux cabanes avant la nuit.

Nous finissons pourtant par atteindre les lacs; le vent a disparu et la pluie cesse; le temps semble vouloir se lever; mais la nuit est arrivée, et c'est à peine si nous distinguons les masses d'eau qui sont à nos côtés.

A 8 heures nous arrivons aux cabanes. Ces cabanes de pâtres dans la montagne sont des plus primitives. De loin, on les prendrait pour des taupinières gigantesques; ce sont des constructions en pierres sèches, peu élevées au-dessus du sol; leur toit est une voûte formée de pierres plates avançant l'une sur l'autre et rendue étanche par le placage de mottes de gazon; une porte basse et que l'on ne peut franchir que baissé donne accès à l'intérieur; c'est d'ailleurs, avec un trou dans la voûte pour permettre à la fumée de sortir, la seule ouverture de l'habitation. Deux ou trois réduits servent à placer les ustensiles et les provisions. Un grand lit occupe presque tout l'espace disponible ; ce lit est formé de pierres sur lesquelles au commencement de la saison le pâtre est venu étendre de l'herbe, des manteaux, des vieilles *capètes*, quelquefois même un drap, quand il veut être luxueux ; mais ce drap n'étant jamais lavé, ce luxe est alors pire que la pauvreté. Sur le côté du lit, un rebord en pierre permet de s'asseoir et de se chauffer au feu qui est allumé directement sur le sol. Que de nuits j'ai passées dans ces cabanes ! alors quand l'étranger arrive, le pâtre lui fait fête, car il est accueillant ; il lui donne toujours une large hospitalité ; en son honneur, on allume du feu, un feu de rhododendrons et de genévriers : mais malheureusement la fumée vient vite remplir tout l'intérieur et gâter le charme de cette hospitalité patriarcale.

Le soir, le repas terminé, on s'asseoit sur le lit de pierres, et on cause au coin du feu avec les pâtres. On fume avec eux dans cette atmosphère confinée qui porte le cachet de la haute montagne et par cela même est étrange. On demande des renseignements sur la course du lendemain, puis avant de se coucher on va voir le temps : les nuages ont disparu, les étoiles brillent. On se déchausse alors, et l'on s'étend dans le fond du grand lit à côté des guides et des pâtres. On dort bien peu, d'abord à cause du manque de confort de l'installation, ensuite on est énervé par le contact de la montagne, et enfin, on ne couche jamais seul, on est toujours dérangé par des visites importunes.

Le 6, à 5 heures, réveil. Il fait un temps superbe, pas un nuage à l'horizon, la neige n'a pas encore vu le soleil; les silhouettes se découpent en sombre : c'est le réveil de la nature : les couleurs sont encore indécises : quel calme autour de nous! mais tout à l'heure, quand la montagne aura repris conscience d'elle-même, elle rougira de s'être laissé ainsi surprendre dans son déshabillé du matin; les neiges et les rochers prendront des teintes violentes, les sommets s'illumineront superbement.

A 6 heures, nous nous mettons en marche, d'abord dans une direction ouest pour aller gagner la crête du cirque que nous suivrons jusqu'aux sommets les plus hauts : la Pique Courbée et la Pique de Bersil. La première de ces deux pointes, qui d'ici paraît un dôme aplati, légèrement en surplomb du côté gauche, me semble devoir être la Pique Rouge de la carte d'État-Major. Quant à la Pique de Bersil, elle a grand air et doit être sensiblement aussi haute que la précédente. Signalons une fois de plus une différence dans les noms de la carte et ceux du pays; bien plus même, ici les gens du pays ne sont pas d'accord sur les noms. Pour les gens du cirque de Bassiès, la Pique Rouge est un rocher sans importance, un pointement facile de la crête qui forme le côté gauche du cirque. Pour les gens des métairies d'Auzat, situées sur l'autre versant du cirque de Bassiès, la Pique Rouge serait la Pique de Bersil. Pour nous, la Pique Rouge de la carte et du cadastre est la Pique Courbée.

Quoi qu'il en soit, nous atteignons la crête (1,850 m.) formée de pâturages d'où nous avons une vue merveilleuse sur le Mont Vallier et la vallée d'Aulus. Bientôt après, nous prenons la neige, que nous ne quitterons plus de toute la durée de l'ascension. Nous nous rapprochons ainsi du fond du cirque en passant successivement au pied de la Pique Rouge et du pic du Mi-

PICS DES TROIS COMTES (printemps).

lieu : à ce moment nous dominons de plus de 300 mètres l'étang Garbet dont les eaux vertes sont merveilleusement encadrées par des rochers très abrupts. Le versant de Bassiès qui domine ce lac semble formé d'une succession de couloirs limités par des arêtes de rochers : très belle vue.

A 10 heures, sommet de la Pique, 2,677 mètres. Ce sommet est une crête formée de blocs énormes et couverts aujourd'hui de neige. En face de nous le massif du Montcalm tout blanc attire nos regards ; puis ce sont

PIQUE DE BERSIL DE BASSIÈS
Prise du sommet de la Pique Rouge.

les hauts pics de la vallée de Soulcem, et les grands sommets de l'Andorre. A l'est, la vue est limitée par le pic de Bersil et les crêtes du cirque. Au nord, les masses importantes du Saint-Barthélemy et des Trois Seigneurs forment notre horizon. A l'ouest nos yeux se promènent sur tout le grand massif granitique de la cime près Puntessan, du pic des Trois Comtes et des crêtes de la vallée d'Arse. Des rochers blanchâtres, affreusement nus, et de la neige blanche donnent à ces paysages un caractère bizarre. Enfin au sud-ouest les glaciers du Néthou apparaissent très nettement. Nous sommes étonnés de toutes ces Pyrénées si neigeuses, tout est blanc autour de nous, sauf quelques rochers.

Soudain de gros nuages paraissent à l'horizon, c'est le mauvais temps, il faut descendre et renoncer à la Pique de Bersil. La neige facilitera heureusement la descente, nous ferons de longues glissades, droit dans le fond du cirque, jusqu'à l'étang des Escaldes, le plus haut de toute cette région. Une heure et demie nous suffisent pour rejoindre la cabane où nous avons passé la nuit; nous y arrivons avec la neige et la pluie, et nous y déjeunons au moins à l'abri, sinon confortablement.

A 2 heures, nous nous remettons en marche pour rentrer à Vicdessos; nous descendons par le chemin le plus court, celui qui traverse Jupset. La pluie et la neige nous cinglent le visage, aussi quittons-nous rapidement ces hautes régions sans pouvoir admirer les grands et beaux étangs de Bassiès. Un grand plateau de pâturages est vite traversé, puis nous prenons un chemin de chèvres et de moutons. On me montre un rocher appelé Saut du Parisien, parce qu'un étranger voulant descendre par là des étangs de Bassiès et ayant refusé le concours de guides a fait une glissade et s'est tué. « Voyez-vous, monsieur, pourquoi refuser le concours des gens du pays, » telle est la seule réflexion que cet accident inspire à mon guide. C'est encore un caractère très particulier de cette race ariégeoise d'être très fière et d'avoir très haute opinion des difficultés de son pays. Sans vouloir rabaisser les Pyrénées ariégeoises, je suis loin de leur reconnaître les difficultés que tous les indigènes leur attribuent. Il y a des endroits mauvais évidemment, mais il y en a moins qu'ils le prétendent; je dirai même que ces endroits, il faut les chercher. En outre les Ariégeois ont un profond mépris pour les qualités alpines de l'étranger. Il leur semble que pour pouvoir courir les hautes régions, il faut être né enfant de la montagne.

La rentrée à Vicdessos se fait donc par la vallée de Saleix et par la traversée du village d'Auzat. Nous y arrivons à 5 heures, tout trempés par l'eau et la neige fondue que nous recevons depuis trois heures.

LA PLAINE ET LA PIQUE DU MONTCALM

(3,080 et 2,935 mètres.)

Avant de commencer le récit de mes courses dans le massif du Montcalm, il convient de décrire cette haute région d'après le résultat de mes explorations. Le pic que l'on appelle ordinairement le Montcalm porte dans le pays le nom de Plaine du Montcalm, il est coté 3,080 mètres sur la carte de l'État-Major. C'est un immense plateau affectant la forme générale d'un triangle; le comte Russell prétend qu'on pourrait y faire manœuvrer à l'aise un bataillon d'infanterie.

De l'extrémité sud-est de la Plaine, se détache une crête facile qui la relie à une arête courant dans une direction ouest-nord-ouest, est-sud-est, et formant trois pointes : les trois cimes de la Pique d'Estats dont le point central mesure 3,141 mètres; c'est la frontière d'Espagne. Nous proposons pour la partie la plus basse de cette crête le nom de brèche du Montcalm. Le versant ouest de cette brèche forme le fond d'une vallée qui va aboutir à la vallée d'Estats et dont je n'ai pu apprendre le nom, mais que j'appellerai vallée de la brèche du Montcalm; le versant est est l'origine de l'importante vallée de Rioufred.

A l'est de la Plaine, on trouve une crête très

PIQUE DU MONTCALM
Un couloir.

longue qui fait la séparation entre les vallées de Plat Subra et de Rioufred d'abord, de Soulcem ensuite. Cette longue crête décrit un arc de cercle, et après les

Pointes d'Argent, se termine au-dessus de Marc par l'éperon rocheux qui sépare les vallées de Lartigue et de Soulcem.

Du côté nord du Montcalm, part également une crête. Sur cette crête se trouve un sommet important, la Pique du Montcalm, 2,935 mètres. C'est ce sommet qui a si grand air quand on regarde le Montcalm de Vicdessos et qui se détache avec la forme d'une pyramide pointue devant la masse ronde de la Plaine; au nord de ce pointement, la crête se continue par des dentelures de schistes assez peu praticables et toutes rouges, d'où le nom de Piques Rouges.

Enfin une quatrième crête beaucoup plus basse se détache du nord-ouest de la Plaine et sépare la vallée de la brèche du Montcalm de celle de la Coumète.

Tels sont les principaux traits orographiques de la région. La course classique du Montcalm consiste à aller coucher dans les cabanes ou *orrys* de Plat Subra, puis à monter le fond du cirque, à passer sur le versant du Rioufred, et à longer la crête jusqu'au sommet de la Plaine : de là il est facile de gagner la Pique d'Estats. C'est une course qui se trouve dans tous les guides; c'est celle que j'ai faite en 1898 avec mon ami Vincent Cénac. Je renvoie pour cette course au guide Joanne. En 1899 je me proposai de monter directement à la Pique d'Estats. Enfin en 1900 je voulus monter à la Pique du Montcalm, puis par la crête, passer au Montcalm. Telles sont mes trois courses dans le massif.

Le 3 août 1900, je me disposais à aller coucher aux

orrys de Pujol, un peu au-dessous de celles de Plat Subra : ces dernières étant abandonnées, il vaut mieux aller au Pujol à cause du bois. C'était une belle soirée d'août; nous étions installés avec mon guide, Pierre Rauzy, sur le bord d'une fontaine pour dîner, et la nuit arrivait très lente, plongeant tous les objets dans une obscurité profonde. Les vaches qui avaient passé une partie de la journée sur les pentes supérieures descendaient; toutes les clochettes qu'elles portaient au cou étaient agitées par leurs mouvements d'une manière extrêmement douce. Derrière elles, les pâtres rentraient, tous coiffés du béret bleu; tous vêtus du tricot de laine blanche; ayant tous autour des reins la pochette en peau contenant le sel et à la main le grand bâton de noisetier. Ils avaient été voir dans la journée leurs moutons; car dans la vallée d'Auzat les moutons paissent librement sans surveillance; le pâtre va les voir chaque jour et leur apporte du sel, mais ne les parque pas chaque soir autour de sa cabane. Dans la demi-obscurité qui régnait déjà, leurs silhouettes se détachaient en noir plus foncé sur les noirs du paysage, ils trayaient leurs vaches, les uns silencieusement, les autres chantant à pleins poumons les chansons des ancêtres léguées par les vieilles races. Cette opération terminée, ils rentrèrent chacun dans leur cabane. Nous allâmes avec Pierre demander l'hospitalité à Maury Victor, et tout en nous chauffant au coin du feu, nous assistâmes à son souper composé de lait bouilli et de pain noir. Nous étions quatre : nos quatre formes disparaissaient dans l'obscurité de cette cabane uniquement éclairée par la lueur rougeâtre d'un feu de genévriers.

Le 4, à 5 heures du matin, réveil. Nous sommes à 1,704 mètres d'altitude. Le jour est levé depuis peu, un vent frais nous fouette le visage. Nous remontons d'abord la rive gauche du ruisseau de Subra, jusqu'en face des cabanes du même nom, puis, nous attaquons immédiatement une cheminée d'herbe à pentes très roides. Notre objectif est d'atteindre des taches de neige, qui occupent toute la base nord de la pyramide de la pique du Montcalm. Du côté du Pujol, cette pique ressemble à une pyramide très régulière; on dirait le célèbre Quaïrats; ses granits recouverts de lichens orangés ou jaunes contribuent encore à augmenter la ressemblance avec ce sommet des Pyrénées luchonaises.

Nous atteignons bientôt la neige, il est 6 heures; nous « cassons alors la croûte » assis sur un pointement rocheux qui émerge au milieu de toute cette masse blanche. Devant nous, un grand couloir tout blanc qui va butter contre une muraille rocheuse, et un col anonyme qui sépare la pique du Montcalm de la crête dont elle fait partie, — à notre droite une arête de roches rouges, au milieu desquelles poussent quelques touffes d'herbe verte, seuls représentants de la végétation; cette crête présente une succession de *gendarmes* et d'aiguilles de pierre qui prennent des formes bizarres ressemblant à des têtes d'animaux fantastiques dignes de ceux de l'Apocalypse; — à notre gauche, un névé qui monte très rapidement pendant 500 mètres, puis se perd sur du rocher et se continue plus haut par quelques traces neigeuses jusqu'au sommet du pic : ce sera notre chemin. C'est le silence de la grande montagne, le silence effrayant si voisin de celui de la mort ; des traces d'avalanches sont visibles de-ci de-là ; la neige est

LA CRÊTE ENTRE LA PIQUE ET LA PLAINE DU MONTCALM

détachée des rochers rouges, laissant entre elle et eux des crevasses noires béantes. On est tristement impressionné par ces spectacles si grandioses qui disent à l'homme le mot éloquent qui résume toute la philosophie de la montagne : Destruction.

Nous prenons donc la tache neigeuse qui se trouve à notre gauche ; nous la montons en décrivant sur sa surface toute blanche de nombreux zigzags. Arrivés au sommet nous continuons sur une corniche rocheuse qui nous conduit dans une direction est; nous atteignons ainsi une des arêtes de la pyramide, arête que nous monterons alors presque jusqu'au sommet (direction sud-ouest). Au moment de franchir cette crête, nous ne pouvons nous empêcher d'admirer le spectacle que nous avons derrière nous; nous commandons toute la vallée de Vicdessos qui disparaît complètement dans une mer de nuages; seuls les sommets des crêtes émergent et sont violemment colorés, tandis qu'à quelques centaines de mètres au-dessous d'eux, tout disparaît dans un épais floconnement orangé.

Devant nous, au contraire, nous dominons un cirque situé sur le versant nord-est du Montcalm. Que de neiges dans toutes ces cuvettes! de neiges qui tranchent toutes blanches sur le rouge des schistes siluriens; et puis au milieu de cette blancheur deux petits lacs très verts et très transparents, sur lesquels flottent de grandes banquises. La transparence est telle, qu'on voit la tranche de la glace se perdre dans leurs eaux; on dirait des émeraudes entourées de diamants. Quel calme en ces hautes régions, mais aussi quelle solitude! que l'homme se sent perdu dans ce monde si grandiose!

Nous attaquons vigoureusement l'arête; arête de granit solide mais peu large et qui de chaque côté se continue par des pentes impressionnantes, jusque là-bas, dans le fond des cirques. Le rocher est solide; il semble taillé en un véritable escalier à marches trop hautes souvent pour nous, ce qui nécessite des enjambées énormes et l'aide des bras : aussi montons-nous très vite. Un peu avant d'arriver au sommet l'arête se transforme; c'est un bloc de granit de plusieurs mètres de haut; nous manœuvrons alors pour aller gagner l'arête nord-ouest de la pyramide, qui a exactement le même aspect que celle que nous venons de quitter. A 8 heures et demie, nous sommes au sommet, 2,935 mètres.

Ce sommet est une petite plate-forme occupée par des granits brisés sans cesse labourés par la foudre.

Nous avons, à cause des nuages qui montent, une vue très limitée. A signaler pourtant le massif du Montcalm. Le dôme de neige blanc de la Plaine, située à 800 mètres de nous, nous attire : par derrière, la pique d'Estats montre deux de ses sommets. Puis c'est, à l'ouest, le massif de Brougeat; au nord, ce sont les rochers gris de Bassiès; à nos pieds, des crêtes extrêmement déchiquetées, les crêtes de la Pique Rouge du Montcalm.

A 9 heures, nous reprenons la marche, il faut atteindre la Plaine par l'arête. D'ici, il nous semble que nous pourrons facilement arriver par cette crête à un col anonyme qui limite au nord la masse même de la Plaine, mais qu'à partir de cet endroit il nous faudra obliquer, soit à droite, soit à gauche, car le plateau du Montcalm se termine au-dessus de ce col par un rocher qui forme un à-pic imposant.

Cette crête schisteuse ne nous présente tout d'abord aucune difficulté; peu à peu, cependant, elle devient mauvaise, nous sommes obligés de descendre un peu au-dessous d'elle pour la longer; nous coupons ainsi sur son versant ouest une multitude de couloirs tantôt encombrés d'écailles de schistes, débris de son effritement, tantôt conservant encore quelques traces de neige. Tout à coup, Pierre, qui est devant moi, s'arrête : « Ici, c'est mauvais, » me dit-il laconiquement; nous sommes en effet sur le taillant de la paroi d'un couloir, et il faut descendre dans le fond du couloir voisin : mais comment? Il n'existe qu'une saillie imperceptible pour ce passage, il faudrait se laisser glisser de toute la longueur de son corps pour pouvoir mettre les pieds sur les quelques centimètres de la saillie : tout cela au-dessus du vide; et nous n'avons pas de corde! Rauzy regarde la grande ceinture bleue qui lui sert à maintenir son pantalon : elle est trop courte, il nous faut redescendre pour chercher ailleurs un passage!

Nous descendons donc le couloir dans lequel nous nous trouvons, sa pente devient d'une roideur inquiétante, bientôt l'un et l'autre nous nous trouvons au-dessus d'une cheminée de 5 mètres de hauteur presque sans saillies : comment passer? je commence à devenir inquiet sur la réussite de notre expédition; mais Rauzy sans se troubler dépose sac et piolet, et se met en demeure d'effectuer la descente : profitant de ce que les deux parois de la cheminée sont très resserrées l'une contre l'autre, il se laisse d'abord glisser; puis s'arcboutant avec ses genoux contre l'une d'elles, et contre l'autre avec son dos et ses mains, il exécute des mouvements de reptile, lâchant successivement un genou, puis l'autre, ensuite une main et puis une autre. Il descend ainsi les 5 mètres de la cheminée. Une fois au bas, il me crie de lui passer les sacs : couché à plat ventre dans le fond du couloir je lui passe sacs et piolets; puis c'est à mon tour de descendre. Evidemment, je ne suis pas de force à faire la gymnastique de mon guide; aussi est-il décidé que je descendrai sur un piolet. Pierre place cet instrument verticalement et le maintient solidement : je me laisse glisser à bout de bras, pour pouvoir placer les pieds sur le fer : mais comme il faut enlever le piolet de dessous moi pour le replacer plus bas, je me vois forcé de me maintenir au-dessus du vide en appuyant fortement la paume de mes deux mains contre les parois de la cheminée (c'est une situation délicate que je ne souhaite à personne), puis de descendre environ 50 centimètres pour aller retrouver à nouveau le piolet, sans détruire l'adhérence qui me maintient. Quelques instants après je suis aux côtés de Pierre.

C'est ensuite une seconde cheminée à descendre, exactement dans les mêmes conditions et d'après les mêmes procédés.

Ces deux mauvais passages franchis, nous pouvons sans difficulté atteindre la cheminée voisine; nous continuons donc notre marche de flanc en tâchant de nous rapprocher de la crête; mais voici un nouvel endroit délicat; comme précédemment nous devons franchir l'arête qui sépare deux couloirs. « On ne passe pas ici, dit Pierre, qui est devant, mais à quelques mètres plus bas je crois que nous pourrons nous en tirer. » C'est moi maintenant qui suis en tête, car il a fallu laisser Pierre descendre de son piédestal. « En face de vous on passe, me crie-t-il. » Je quitte le fond de la cheminée pour me rabattre sur ses parois ; je trouve quelques saillies qui me permettent d'atteindre l'arête, mais il faut passer cette arête, ce qui n'a pas l'air commode. Pour cela, il faut en franchir le tranchant, et malheureusement je n'ai pas une prise suffisante dans la main pour me permettre ce mouvement. Il y a une prise quelques centimètres plus haut, mais je ne puis l'atteindre, je suis en effet dans une position telle que l'amplitude de mes mouvements est limitée ; mon pied gauche repose sur quelques centimètres de saillie, les phalanges de ma main gauche accrochent une légère aspérité ; quant à mon côté droit, il est uniquement fixé à la roche par le genou placé à peu près à la hauteur de ma poitrine ; ma main droite essaie d'embrasser le rocher et de trouver un point d'arrêt, mais elle glisse sans pouvoir rencontrer rien de solide. Oh ! je ne l'oublierai jamais, cette minute, pendant laquelle je faisais des efforts surhumains pour m'accrocher à quelque chose, et pendant laquelle je sentais que cela ne pourrait pas durer indéfiniment, car à la longue, mes doigts se fatiguaient, les ongles et la peau étant arrachés. Soudain je prends une résolution énergique ; puisqu'il faut passer et que le rocher est un schiste peu solide, je vais tailler un pas dans le rocher : « Donne-moi le piolet. » Pierre me passe l'instrument demandé, je ne fais qu'un léger mouvement pour l'atteindre, mais le poids de l'instrument a déplacé mon centre de gravité ; je commence à glisser pour aller m'écraser sur la neige toute blanche que j'aperçois à 400 mètres au-dessous de moi; aussi, rassemblant toute mon énergie, je me cramponne de toute ma force, tandis que je me hâte de tailler la marche avant que mon mouvement de glissement n'ait pris de l'amplitude. J'ai bien vite soulevé une légère écaille à 10 centimètres plus haut; mon genou y est aussitôt placé, désormais je suis sauvé : ma main droite trouve une prise excellente, je me fixe suffisamment pour reprendre de la solidité et je passe.

Quelle sensation que celle de se sentir glisser! malgré soi l'on se cramponne, et malgré soi l'on lâche; c'est un de ces rares moments dans la vie où le corps ne répond plus à ce que lui demande la volonté; pourtant la volonté n'est pas encore engourdie, le sacrifice de la vie n'est pas encore fait, on n'a d'autre pensée en tête que celle de chercher un moyen pour vivre encore! Ce n'est que quand le mouvement est commencé, que l'on se sent perdu, et que l'on se prépare à la mort. Cette autre sensation, je l'ai eue très nette, un autre jour; je traversais un éboulis de sable, et, mes deux pieds n'ayant pu se fixer suffisamment, je glissais sur le ventre. Les mouvements que je faisais alors pour me raccrocher n'étaient plus volontaires, ils étaient purement réflexes. Oh! qu'à ce moment les graviers que j'entraînais avec moi et qui, en suivant mon mouvement, passaient par-dessus ma tête m'ont paru énormes!

Nous voici de nouveau arrivés à la crête, que nous suivons sur quelques dizaines de mètres; mais cette crête se hérisse de plus en plus de blocs de toutes formes et de toutes dimensions, et elle devient de moins en moins solide, aussi prenons-nous le parti de renoncer à la suivre et de nous diriger vers le pied du couloir tout blanc de neige dont le sommet aboutit au col, qui est notre objectif. Il est 11 heures, nous disons donc adieu à la crête et nous prenons son versant ouest, le traversant diagonalement.

Les passages dans ce schiste rouge et pourri ne sont pas toujours commodes, mais pourtant nous arrivons sans encombre au couloir; nous devons le traverser pour atteindre une grande tache neigeuse qui nous offre de l'eau en abondance, car il est midi, il faut déjeuner.

Le débarquement de la neige sur le rocher présente un mauvais pas à cause d'une crevasse et du rocher tout lisse. Enfin, à midi et demi, nous sommes installés pour déjeuner, sur une terrasse rocheuse à côté de l'eau et de la neige, tout ce qu'il faut pour manger délicieusement et nous offrir des sorbets. Devant nous, l'arête que nous venons d'essayer de parcourir attire nos regards; nous nous amusons à suivre d'ici l'itinéraire fait; nous retrouvons les rochers franchis, les couloirs passés, et nos deux cheminées de 5 mètres; nous restons quelques instants stupéfaits devant notre découverte, car le couloir dans lequel se trouvent les deux cheminées est un couloir qui se termine à quelques pas de l'endroit où nous l'avons abandonné par un surplomb sur le vide. Dire que l'un et l'autre nous avions fait de la gymnastique au-dessus de cet abîme, ne nous tenant que par adhérence! Sûrement, maintenant que nous savons ce qu'il y avait au-dessous de nous, nous ne recommencerions pas avec autant d'assurance. Sur la gauche nous dominons la haute vallée de la Coumète, toute blanche de neige, et ses étangs glacés : derrière nous le Montcalm apparaît. « Il me ferait plaisir de le faire, dit Pierre. —

PLAINE DU MONTCALM. PIQUES D'ESTATS
Vue prise du versant de la Coumète.

Soit, mais il faut se dépêcher, car le mauvais temps arrive. » Il est une heure ; on reboucle les sacs et vite en avant pour ce raid du Montcalm. Nous attaquons d'abord les neiges de son versant nord-ouest, puis nous passons sur son versant nord-est et arrivons ainsi à la plaine et à la tourelle à moitié démolie, 3,080 mètres. Quel amoncellement de ruines que ce sommet du Montcalm, rien que des pierres et toujours des pierres! il y en a de grosses et de petites, de noires et de rouges. Depuis combien de temps sont-elles en ces endroits, démolies par le vent, la gelée, la foudre? A signaler la pierre placée par les officiers géodésiens qui ont fait la triangulation générale de la France et que nous trouvons par hasard gisant avec les autres; elle porte le chiffre 825, sans doute 1825, et une croix de Saint-André.

Nous sommes dans le brouillard, et nous ne voyons pas à 25 mètres de nous.

Il faut donc redescendre, et cela très vite, à cause du temps. Nous descendrons par le sud-est, de manière à aller rejoindre la neige dans le couloir de Rioufred. Il fait très sombre. Un brouillard lourd et épais nous enveloppe et donne à tous les objets une couleur sinistre; c'est l'orage; nos piolets vibrent : de grandes étincelles en jaillissent. Il n'y a qu'un parti à prendre, quitter nos vestes et les enrouler autour des fers; cette opération est bien vite exécutée.

Maintenant, l'un et l'autre nous fuyons devant l'orage; on court si vite sur ces neiges un peu durcies quand la pente n'est pas par trop rapide. Autour de nous, le rocher de schiste prend des teintes livides, la neige elle-même nous paraît sale et noirâtre; c'est étrangement lugubre, et nous n'avons d'autre ressource que celle de la fuite.

Nous glissons ainsi jusqu'à l'étang de Rioufred où nous quittons la neige; nous prenons alors un sentier de pâtre qui doit nous conduire jusque dans la vallée de Soulcem : l'orage reste derrière nous sur les grands sommets.

Cette vallée de Rioufred, je la revois chaque fois avec le même plaisir; elle est si sauvage, avec son torrent qui descend à travers des parois rocheuses très encaissées; ses grands pics très rouges et toujours neigeux; ses herbes vertes qui poussent partout où un peu de terre a pu rester accrochée au rocher; et puis son lac, ce lac sombre de Rioufred qui baigne le pied de rochers verticaux et lisses. Dans le fond de sa cuvette le soleil semble ne pas pouvoir l'atteindre; il dort très bas, très calme et très vert.

Au bout d'une heure et demie de marche à travers des herbes et des rochers, nous débouchons au plat de Soulcem (1,500 mèt.). Mes yeux ont salué avec émotion une de nos conquêtes de l'année précédente, le pic Maderou, toujours immobile dans son enveloppe de granit.

Le plat de Soulcem est une terrasse de pâturages sur lesquels paissent de nombreuses vaches et sur lesquels se voient échelonnées plusieurs *orrys*. C'est évidemment le fond d'un ancien lac comblé par les apports des torrents; les matériaux charriés et déposés encore aujourd'hui en cet endroit par les eaux en sont une preuve évidente.

Maintenant nous allons descendre la vallée de Soulcem en suivant le chemin muletier qui conduit aux ports de Rat et de Bouet; nous descendons ainsi les passages appelés les escaldes (escaldes françaises, escaldes espagnoles). Nous admirons les à-picks et les rochers qui forment le versant gauche de la vallée, le revers des Pointes d'Argent. Nous sommes bientôt au pont de Marc où nous rencontrons la grande vallée de Lartigue. Nous avons retrouvé maintenant les cultures et les habitations; nous traversons quelques villages, Laujou, Ranet. Nous revoyons : à gauche, les cascades de Bassiès et le chemin des vaches; à droite, la profonde vallée d'Artiès; puis voici Auzat. Nous nous retournons alors, encore une dernière fois, pour dire adieu derrière nous à ces hautes régions, au grand massif du Montcalm; le brouillard n'a pas quitté ses cimes, il s'y attache lourdement; elles semblent regretter d'avoir reçu aujourd'hui la visite de l'homme.

PIQUES D'ESTATS

(3,141 mètres — 3,075 mètres.)

Le 26 juin 1899, quelques jours après l'ascension de la Pique Rouge de Bassiès, je partais pour le grand massif de l'Estats; mon intention était de monter directement aux pics par la vallée d'Estats; je voulais voir toutes ces hautes régions recouvertes de leur parure d'hiver, car la neige descendait encore jusqu'à 1,800 mètres.

Le 25 juin, j'arrivais à Vicdessos, où je trouvais le fidèle Pierre Rauzy. « Vous savez, monsieur, il a neigé ces jours-ci, me dit-il, mais je crois que nous pouvons partir quand même. » En effet, nous quittons Vicdessos après le déjeuner pour aller coucher aux *orrys* de Bazurs situées à l'entrée de la vallée d'Estats.

A Marc, nous laissons la vallée de Soulcem pour remonter celle de Lartigue, en suivant le chemin muletier du port de Tabescan; de maigres cultures occupent la partie basse de cette vallée très resserrée; au-dessus, ce sont des pâturages ruinés, qui n'ont plus rien du pâturage que le nom. Le schiste rouge ou la terre apparaissent partout entre quelques maigres touffes d'herbe ou de bruyère. L'administration forestière a entrepris leur restauration. Des massifs boisés, hélas! trop clairsemés, forment par place une légère teinte verte qui attire aussitôt les yeux. Nous saluons le ruisseau de Subra comme une vieille connaissance; nous traversons quelques villages faisant partie de ce que l'on appelle les Métairies d'Auzat; oh! qu'elles sont pauvres et peu confortables, ces habitations adossées à la montagne, dont le toit suit l'inclinaison générale de la pente de manière à ne pas dépasser le niveau du sol et à ne donner aucune prise à l'avalanche : elles sont toutes en pierre sèche, schistes noirâtres ou rougeâtres, ce qui leur donne un air plus triste et plus délabré encore : et puis presque pas d'ouvertures!...

Là dedans, vit pourtant toute une population rude et robuste, une population essentiellement pastorale, un beau type de montagnards à figures souvent rasées comme des ascètes; à maxillaires proéminents; à muscles du cou puissants, indice d'une grande force physique; à visage fortement bruni et hâlé; à couleur blonde ou fauve comme celle des animaux sauvages; une population habituée de tout temps aux privations et aux luttes : aux luttes contre la nature aveugle qui amoncelle contre elle les intempéries, la neige, les avalanches, les éboulements, les dévastations des torrents : oh! il est durement trempé, ce peuple de pasteurs et de contrebandiers!...

Avec la route, nous repassons sur la rive droite du torrent : nous nous élevons alors sur des pentes d'herbe; nous traversons un bois de hêtres pour aller aboutir aux *orrys* de Bazurs, 1,750 mètres.

En dînant, le soir, à la porte de la cabane, nous

admirons les rochers de Bassiès dont les sommets sont encore illuminés par les derniers rayons du soleil couchant; puis à nos côtés, les crêtes frontières qui montent hardiment vers le ciel; derrière nous la neige livide et bleuâtre déjà dans l'ombre; enfin, à notre droite, on distingue le sommet de la pyramide de la Pique du Montcalm tout rouge sous les derniers feux du soleil. Puis, nous rentrons nous chauffer au feu des pâtres et causer avec eux; ces causeries du soir ont pour moi, étranger, un charme particulier; il me semble que je vis pour un moment la vie sauvage de la montagne, que j'ai dit pour un moment adieu à tous les raffinements de la vie moderne et que je suis redevenu l'homme des vieilles races.

Avant de nous coucher, nous sortons avec Pierre. Dehors un beau clair de lune; la lune émerge au-dessus de la cime de la pique du Montcalm; les granits de ce sommet, illuminés par sa pâle clarté qui grandit tous les objets, prennent des proportions fantastiques; les ombres et les lumières sont fortement heurtées; les neiges se colorent d'une teinte verdâtre et métallique, tandis que les premiers plans plongés dans l'obscurité de la nuit ne forment plus qu'une masse noire; un charme, un repos, indescriptibles, descendent de ces sommets endormis au milieu du silence de la nuit. Je suis profondément ému devant la grandeur de ce spectacle... « Nous aurons beau demain, me dit Pierre... » Il faut pourtant me coucher et m'arracher à ma contemplation.

Le 26, départ à 4 heures; le jour n'est pas encore

levé, nous marchons sur des herbes et des rhododendrons en montant dans une direction sud-est. Nous laissons derrière nous l'étang Pinel que nous distinguons à peine, et nous nous engageons dans la gorge d'Estats. Le fond est rempli d'une neige toute noire

PIC BROUGEAT
Pris du sommet de la pique d'Estats.

qui nous paraît complètement glacée ; aussi Pierre, craignant qu'elle ne retarde notre marche, prend des corniches rocheuses au-dessus. Pourtant cette marche sur le rocher devenant de plus en plus difficile, il faut nous résoudre à nous laisser glisser sur la neige par la première cheminée que nous rencontrerons.

Maintenant, nous sommes sur la neige; elle porte admirablement et n'est nullement gelée; aussi nous marchons très vite; on n'entend d'autre bruit que celui de son craquement sous nos pas. En deux heures, nous atteignons ainsi un étang qui est complètement glacé (2,450 mètres?). Une vallée latérale débouche en ce point : c'est la vallée de la Coumète, qui nous mènerait au Montcalm. Le fond du cirque dans lequel repose cet étang nous présente une cheminée dans laquelle, pour nous élever, il faudrait tailler de nombreuses marches; aussi préférons-nous monter des pentes moins abruptes, un peu à gauche, sur de la neige plus molle éclairée par le soleil : rude montée, fatigante parce que nous trouvons de la neige nouvelle dans laquelle nous enfonçons.

Nouveau cirque, et toujours de la neige, seules les crêtes émergent de toutes ces masses blanches. Deux vallées s'offrent à nous : l'une, la vallée d'Estats, nous conduit au port d'Estats ; l'autre nous mène à la brèche du Montcalm. C'est celle que nous prenons en longeant le pied du sommet ouest de l'Estats. Nous arrivons ainsi jusqu'à la brèche après avoir taillé quelques pas. Il est 8 heures ; à notre droite, la triple cime (1)

(1) La pique d'Estats a trois sommets : le sommet ouest, 3,092 (?); le sommet central, 3,141; le sommet est, 3,075 (?). De la brèche, l'ascension des deux premiers est des plus aisées; il n'en est plus de même quand on attaque le massif de l'Estats par le versant espagnol, au-dessus du port d'Estats : cette traversée complète des trois piques d'Estats, je l'ai faite le 23 juin 1901; les couloirs de la montée sont particulièrement émouvants; c'est la vraie course de l'Estats, mais qui ne peut être recommandée qu'à un grimpeur éprouvé.

de la pique d'Estats; à notre gauche, le Montcalm; à nos pieds, la vallée du Rioufred, que surplombent les corniches de neige sur lesquelles nous nous trouvons (2,950 mètres).

A 8 heures 40, nous arrivons tous les deux sur le sommet central de la Pique d'Estats, après une montée sur de la neige et des éboulis. De ce point nous dominons toute la partie orientale des Pyrénées; depuis le Néthou, il n'y a pas un pic de la chaîne plus haut que nous; c'est une mer de sommets; on dirait les lames de l'Océan subitement pétrifiées : là-bas, voici le mont Perdu, puis le pic Long, bien caractérisé par son cône allongé, et le Néouvielle; plus près, on aperçoit nettement le bleu des glaciers de la Maladetta, du Perdighero et du Lys; plus au sud, les hautes montagnes de l'Aran; plus près, les Pyrénées Ariégeoises, que nous dominons : le Crabère, le Mont-Rouch, le Mont-Vallier; à nos pieds, presque, les massifs de Bassiès et de Brougeat; à côté de nous, le Montcalm tout blanc, puis les hauts pics de la vallée de Soulcem, les pics de Canalbonne, de Médocourbe, de Malcaras; voici les trois étangs de Picot dans leurs cuvettes de granit, tout verts et tout dégelés; par derrière, les grands sommets andorrans : la Coma-Pedrosa, l'Estanyo, le Casamanya; plus loin encore, les hauts pics de la Haute-Ariège; enfin, là-bas bien loin, le Canigou. Tout cela est étrangement blanc et resplendit étincelant sous l'éclairage du soleil, du beau soleil pyrénéen. Que de neige! c'est vraiment féerique, et je comprends bien le charme de l'ascension d'hiver. D'ailleurs, au milieu de cette neige, on se sent plus loin encore du monde civilisé; on se croit transporté dans un monde tout autre. Ah! combien en ce moment, devant l'espace, l'homme me paraît peu de chose!...

Ce sommet central de la Pique d'Estats est coté 3,141 mètres; c'est une arête étroite de schistes rouges continuellement labourée par la foudre, désagrégée par le vent et la gelée; elle porte une tourelle dans laquelle nous trouvons des cartes de visite et un thermomètre espagnol tout brisé. Le versant français descend en à-pics impressionnants sur le fond de la vallée du Rioufred; les rochers lisses qui s'y montrent nombreux en grandes plaques unies doivent rendre ce côté à peu près impraticable. Le versant espagnol, plus facile, est formé d'une succession de couloirs et de rochers qui ressemblent étonnamment au versant nord des Posets.

Nous continuons la course en allant rejoindre le sommet est. Nous reprenons donc la marche très lentement, parce que l'arête est particulièrement désagrégée; bientôt même, il nous faut descendre un peu et longer le dessous de cette crête. Nous exécutons cette marche sur des corniches dangereusement étroites, où souvent les prises sont si peu solides qu'elles s'effondrent sous le dos de nos piolets ou restent dans la main; quelquefois même, il nous faut descendre plus bas que nous ne le voudrions pour pouvoir passer; la traversée d'un ou deux couloirs présente des mauvais pas.

Nous voici enfin au col qui sépare la pique Centrale de la pique Est. Du point où nous sommes, ce dernier sommet se projette sur le bleu du ciel en une arête extrêmement tranchante, formée de schistes plats très minces qui se profilent dans l'espace comme des marches d'escalier. « Voici le sommet », dit Pierre, qui est devant moi. Nous débouchons en effet sur une arête aussi étroite que celle que nous venons de suivre, à côté d'une tourelle surmontée d'un mât en bois portant la carcasse d'un drapeau ; c'est ce que l'on appelle dans le pays le drapeau espagnol. Mon guide me raconte que ce sont des Espagnols qui sont venus planter ce drapeau en ce point il y a cinq ou six ans : et depuis il y est toujours resté, résistant aux assauts des rafales. Nous déjeunons au pied de la tourelle, à laquelle mon baromètre attribue une hauteur de 3,075 mètres. Il est 10 heures 10.

Le repos de midi pris, nous songeons au retour; nous allons continuer l'arête pour descendre par la vallée du Rioufred. A 11 heures et demie, nous repartons donc par le chemin projeté. Nous arrivons ainsi à une cheminée de neige qui coupe le versant espagnol. « Si nous essayions cette voie, bien qu'elle soit fortement en pente? — Cela dépendra de son état. » — Rauzy tâte cette neige avec son piolet; elle est molle : donc pas de glissade à craindre, et en avant par là. Nous nous dirigeons vers un étang à moitié dégelé dont les eaux vertes fondent lentement la neige qui l'entoure : l'étang de la Souille (2,850 mètres). Un isard descend en face de nous un versant très abrupt.

Nous sommes maintenant en Espagne, mais pas pour

longtemps ; nous allons rentrer en France par un col facile, le col de la Souille, derrière lequel nous retrouverons des couloirs de neige à pente formidable. Nous arrivons ainsi à l'étang de Canalbonne (2,610 mètres), dominé par le pic du même nom. Tout est toujours blanc ; l'étang même est complètement recouvert de neige et de glace ; de nombreuses traînées d'avalanches sont visibles partout ; derrière nous, les crêtes rouges de l'Estats disparaissent bien loin et bien haut, s'enlevant fièrement au-dessus des neiges qui les protègent et se profilant sur le beau ciel bleu ; elles se dressent d'une manière excessivement triste. C'est vraiment ici un coin de haute montagne, un coin où l'homme se sent très loin du monde d'ici-bas.

Nous nous retournons une dernière fois avant de les voir disparaître ; nous voulons graver leurs silhouettes rouges une dernière fois dans nos yeux, leur dire adieu, peut-être pour toujours !

Nous voici maintenant sur une terrasse qui domine de 300 mètres le petit lac du Rioufred ; il commence à se dégeler ; ses eaux très vertes supportent d'immenses banquises qui flottent tristes et silencieuses.

Puis nous reprenons le sentier connu de la vallée du Rioufred : nous foulons à nouveau ses herbes vertes encore, ses corniches rocheuses qui dominent son torrent ; — et nous arrivons au Plat de Soulcem à 3 heures.

Un repos s'imposait ; d'ailleurs, après la rude journée d'aujourd'hui, il nous était bien permis. Nous nous étendons tous deux sur l'herbe et respirons à pleins poumons cet air frais de la montagne, causant des incidents de la journée et échangeant nos impressions, car il faut ce soir encore gagner Vicdessos. Nous nous remettons donc en route pour descendre toute la vallée de Soulcem et celle d'Auzat, et nous sommes à 7 heures au gîte.

PIC MADEROU [1]

(2,050 mètres?)

En descendant de la Pique d'Estats, j'avais été étonné du profil aigu du pic Maderou; c'était un rocher isolé et à pic qui se dressait au-dessus de la vallée de Soulcem, entre les deux vallées du Rioufred et de la Gardelle. « Un beau château, disait Pierre. — Peut-on y monter? — Oui. » Ce oui me laissait rêveur. Il me fallait encore cette conquête. Dès lors, je décidais une course sur cette pointe. Malgré son peu d'élévation, ce rocher était trop séduisant pour n'être pas tentant; c'était une arête régulière de granit à silhouette élégante qui montait verticale dans les airs.

Le 25 septembre de la même année, étant à Marc et ayant du temps devant moi, je formai le projet d'aller revoir le pic Maderou.

Nous nous mettons en route le lendemain avec Pierre, les sacs et la corde.

Il fait froid, le vent souffle de l'ouest en tourmente; de gros nuages noirs courent très vite dans le ciel. N'importe, allons au moins jusqu'à Soulcem; s'il fait trop mauvais temps, nous redescendrons. Nous par-

(1) Pic non placé sur la carte.

courons de nouveau le chemin connu de Soulcem ; nous passons comme de coutume à travers les hameaux de Mounicou, de Rouzadi et de Caraffa ; noms étranges, qui ont pour moi une saveur spéciale parce qu'ils me rappellent la montagne ! Nous remontons à nouveau les lacets des Escaldes ; nous buvons à nouveau à une source très fraîche qui se trouve au second lacet des Escaldes espagnoles ; à nouveau aussi nous sautons le torrent qui descend des étangs Picot ; enfin, à 8 heures 20, nous débouchons sur le Plat de Soulcem.

Ce débouché sur le pâturage de Soulcem, après l'étranglement de toute la vallée entre des parois rocheuses de premier ordre, est un joli tableau pyrénéen : on arrive soudain sur un grand plateau situé à 1,500 mètres d'altitude, occupé par des pâturages très verts, des éboulis géants formés de pans de montagne entiers effondrés et des plages de galets amenés par quelques torrents voisins. Ce pâturage actuellement est vide ; nous n'y retrouvons plus les vaches que nous avions coutume d'y voir ; elles sont déjà descendues dans la plaine. Le vent souffle toujours avec rage ; il débouche de la vallée du Rioufred, amenant avec lui de gros nuages épais qui sentent la neige. Nous cherchons un rocher pour faire à l'abri la halte du matin, mais c'est en vain : nous mangeons rapidement debout. Nous laisserons ici notre sac, n'emportant avec nous que la corde et les bâtons.

C'est par le côté de la Gardelle qu'il faut attaquer le pic, par le côté du Rioufred ce serait folie ; aussi nous engageons-nous dans la première de ces vallées et montons-nous rapidement sur un premier ressaut. De là, le chemin se devine facilement. Nous allons prendre une cheminée herbeuse à pente formidable qui nous conduira à un col entre le pic Maderou et la crête à laquelle il appartient ; puis ensuite ce sera le rocher qu'il faudra

PIC MADEROU

attaquer, rocher sur lequel nous devinons d'ici quelques traînées vertes.

Nous suivons donc cet itinéraire et arrivons rapidement à la crête, où nous faisons halte. « Ici l'on se déchausse, » me dit Rauzy. J'avoue que cette perspective me laissait songeur ; se déchausser, pourquoi ? Je voyais sur la face sud quelques corniches herbeuses et je ne comprenais pas cette précaution, à moins de trouver des difficultés imprévues. A moitié rassuré par ce dire, je hasarde une observation. « Pourquoi faire? — C'est à cause des pierres plates et des rochers lisses, me répond Pierre; mais après tout, si vous ne le voulez pas, il faut vous attacher. — Je préfère cela. » Je m'attache donc, et notre caravane repart bientôt sur le versant sud; inutile de songer au versant nord; c'est un seul bloc de granit depuis le haut jusqu'en bas.

Tout d'abord il faut escalader une pierre lisse de 5 mètres de haut, pierre très inclinée qui forme le saillant de l'arête ; deux rainures heureusement permettent de se tirer assez facilement de ce mauvais pas. Pierre une fois au-dessus, je commence à mon tour l'escalade ; la corde tendue doit empêcher une glissade, puis nous trouvons une corniche herbeuse horizontale. Mais bientôt nous sommes en face du passage délicat de l'ascension; une pierre plate, lisse, très inclinée, et qu'il faut traverser. Cette pierre large de 5 mètres est heureusement fendue en son milieu; cette aspérité forme une légère saillie qui empêche de trop glisser ; ici un faux pas n'est pas permis ; la pierre surplombe le vide, et le malheureux qui tomberait en cet endroit irait rouler jusque dans le fond de la vallée de la Gardelle. Le passage s'effectue heureusement sans accident, Pierre en tête, moi ensuite, quand il s'est solidement cramponné. Je n'ai d'autre aide actuellement que la corde ; aide purement morale, car je doute que la corde puisse me retenir. Dans les passages en corniche, la corde aide bien peu; celui qui dans ces endroits ferait un faux pas quitterait vite la corniche et décrivant un arc de cercle dont le guide serait le centre ; il oscillerait autour de cet axe, au-dessus du vide, comme un pendule géant : la plupart du temps même, étant donnée la vitesse acquise, je suis convaincu que le coup de fouet reçu par la corde serait plus que suffisant pour la faire rompre. En tout cas, pour le moment, toute mon attention se porte sur ce passage. Je place mes pieds avec beaucoup de soin, ayant peur d'entendre mes clous crier sur ce bloc de granit.

Ensuite nous trouvons un couloir herbeux que nous montons avec les mains et les pieds ; rarement j'ai vu une pente aussi rapide. A 10 heures 20, cime ; le baromètre donne 2,050 mètres.

Cette cime est curieuse et mérite une description.

Nous débouchons avec mon guide sur une plate-forme de terre allongée n'ayant pas plus d'un mètre carré ; devant nous, à quelques centimètres au-dessus du sol, court une arête rocheuse formée d'un seul bloc ; on dirait un garde-fou pour empêcher une chute. Au-dessous, la pente disparaît dans le vide d'une manière effrayante ; elle est telle qu'il faut se coucher à plat ventre pour pouvoir essayer de suivre le ressaut du rocher. Quel coup de hache géant a pu ainsi tailler cette pierre ? De chaque côté de la plate-forme, l'arête se relève brusquement de plusieurs mètres ; elle se continue à l'est par une surface qui ressemble extraordinairement au pignon d'un toit ; du côté ouest, par une lame de couteau formée de gros blocs de granit, et terminée par un bloc plus élevé que les autres.

Naturellement une visite à chacun des deux sommets s'imposait. Du côté est, pas de difficulté, pourvu que l'on soit sûr de sa tête. Du côté ouest, il n'en est plus de même : d'abord on ne peut pas marcher sur cette arête, elle est trop étroite ; ensuite le vent souffle avec tant de furie qu'il peut enlever comme un fétu de paille celui d'entre nous qui se risquerait au sommet. La jeunesse, dit-on, est folle ; eh bien ! nous fûmes fous ce jour-là. Pierre resterait sur le solide et tiendrait une extrémité de la corde, tandis que j'irais jusqu'au bout, à cheval sur l'arête, avançant avec les mains.

Ainsi dit, ainsi fait ; j'enfourche ce cheval d'un nouveau genre et j'avance avec les mains ; sous moi, un vide vertigineux. Je ne vois rien, je ne pense à rien, je n'ai qu'une idée : avancer ; mécaniquement, mes deux poignets se placent à 20 centimètres de moi, et mécaniquement je porte mon corps à la place précédemment occupée par eux. Pendant tout ce trajet, mes muscles travaillent également à droite et à gauche ; car le moindre déplacement latéral de mon centre de gravité eût amené la plus effroyable des chutes. Arrivé à l'extrémité de l'arête, je ne puis me lever pour me hisser sur la pierre du bout : le vent souffle avec trop de force. Il ne me reste qu'un seul parti à prendre : embrasser à pleins bras le rocher et attendre pour revenir que la rafale soit passée. Qu'elle est longue, cette minute ! Je sens le rocher que j'embrasse trembler sous l'effort du vent ; il me semble que tous deux nous allons être précipités ensemble et rouler, toujours embrassés, dans les abîmes du Rioufred. Pourtant le coup de vent passe ; je respire alors plus librement ; mon cœur reprend une allure normale.

Il faut pourtant revenir; pour me retourner, je n'ai qu'un seul moyen, me retourner sur les mains ; faire, en d'autres termes, ce qu'en langage de manège on appelle des ciseaux. Mais à cause du vent et de la corde qui flotte derrière moi je n'ose exécuter ce mouvement; je reviens donc à reculons exactement par le même procédé que précédemment, guidé par les paroles de Pierre.

Une fois de retour sur la plate-forme, je compris toute la folie de l'entreprise que je venais de tenter; elle repassa entièrement dans ma tête, et, maintenant que je pouvais me livrer librement à mes réflexions, j'eus le sentiment du vide que j'avais eu sous moi; j'eus peur ; j'eus presque le vertige...

Nous descendons ensuite tous deux par le même chemin, moi en tête, Pierre par derrière ; nous ne nous déplaçons que l'un après l'autre, de manière à ce que toujours l'un de nous soit solide en cas d'accident. Au col, Rauzy reprend ses chaussures, et nous nous détachons. A une heure, nous sommes au plat de Soulcem.

Le vent se calme un peu ; le soleil a paru et nous réchauffe; aussi déjeunons-nous sur des roches tranquillement, en causant joyeusement de notre course du matin, et en nous faisant part de nos émotions. Le soir je rentre à Vicdessos tout joyeux et très fier de la réussite de l'entreprise.

En somme, cette course est une satisfaction d'amour-propre, car la vue est absolument nulle. On ne voit de ce haut point que le plat de Soulcem et les crêtes qui entourent ce cirque ; encore faut-il dire que partout on est dominé par elles.

Un autre fait à signaler, c'est le peu de désagrégation de cette arête. Il faut sans doute l'attribuer à sa faible altitude. Pourtant, sur un pointement aussi séparé et isolé, il semble étonnant que le vent, la gelée, la foudre, n'aient pas fait une œuvre de destruction plus considérable. Je pose ce problème, en laissant la solution à ceux qui pourront le résoudre.

LA CRÊTE FRONTIÈRE

DEPUIS LE PIC DES LAVANS (2,897 mètres) JUSQU'AU PORT DE LAS BAREYTES

PIC DE MÉDOCOURBE (2,907 mètres)

Toutes les fois que je m'étais trouvé au plat de Soulcem, j'avais eu un violent désir de remonter plus haut la vallée et de pousser une reconnaissance jusque là-bas dans le fond, vers les rochers noirs que je voyais émerger des couloirs blancs de neige. Aussi le 2 septembre 1899 je projetais une course dans cette région.

Le chemin de Vicdessos aux *orrys* de Soulcem se fait sans incidents. Nous y arrivons très tard, 8 heures, je crois, je ne sais pour quelle cause. Il fait clair de lune. La lune éclaire magiquement tout ce fond de Soulcem. Les dentelures de la crête nous présentent des formes immenses et bizarres ; sur le ciel pâle elles se découpent en lignes heurtées, et sont encore agrandies par cet éclairage métallique : les neiges resplendissent magnifiquement ; ce paysage étrange semble tellement fantastique qu'il ne nous paraît pas terrestre. Il s'en dégage une poésie d'une grandeur infinie qui emporte naturellement notre âme vers les au-delà et l'élève vers son Créateur... En même temps nous sommes profondément émus par l'approche de la montagne... Oh! ces veilles d'ascensions! jamais encore je n'ai passé calme une de ces veillées. Demain, qu'est-ce que la montagne va me réserver? Telle est la question que je me pose toujours, et, en me la posant en sa présence, je suis déjà grisé par son contact.

Nous entrons pourtant dans la cabane qui appartient à mon guide et dont il me fait les honneurs avec la rudesse et la familiarité des mœurs de la montagne. « Demain, nous partons pour le Médocourbe. — Bon, il fera beau. »

Le lendemain à 4 heures, nous quittons la cabane, qui est à peu près à 1,500 mètres d'altitude. C'est à la lanterne que nous faisons toute la première partie de ce trajet en suivant le chemin muletier qui remonte vers les deux ports de Bouet et de Rat. Le premier de ces cols conduit en Espagne, dans le val Farrera aux pueblos espagnols d'Aréo, Alins, Tirvia; le second, en Andorre, dans la vallée d'Ordino, à Ordino, à la Massana, et à Andorre-la-Vieille. D'autres cols conduisent également hors de France, principalement en Andorre; à signaler celui de Caraoussans, célèbre par sa contrebande; celui d'Arinsall, que j'avais passé l'année précédente pour pousser une pointe en Andorre; celui de Las Bareytes, dont nous allons faire la connaissance ce soir. Pour conduire en Espagne, nous trouvons le port de Médocourbe, que nous allons attaquer immédiatement, et celui de Roumazet dans le massif de la Soucarranne.

Le chemin muletier suit le fond de la vallée, formé

par une succession de « plats » plus petits que celui de Soulcem, et séparés par des ressauts à pentes prononcées. Quelle dévastation dans cette région ! Mal éclairés par la lanterne, nous nous heurtons constamment à des blocs de rochers, à des cailloux, à des galets amenés en ces lieux par les torrents que nous sommes obligés de franchir. Je crois qu'il existe peu de régions dans les Pyrénées qui soient aussi attaquées par les eaux et dans lesquelles leur force destructive soit aussi apparente. Cette contrée est un champ largement ouvert à l'étude de la désorganisation de la montagne sous l'effort des eaux courantes.

Nous arrivons au plat de la Crouz avec le jour ; c'est le fond de la vallée ; tout autour, un cirque de pâturages et de rochers. A notre droite, les deux torrents qui conduisent aux ports de Bouet et de Médocourbe ; devant nous, des pics rocheux verticaux formés d'une succession de parois lisses, séparées par des corniches étroites d'herbes et de rhododendrons : on dirait des cristaux immenses à facettes innombrables ; à notre gauche, le ruisseau qui descend des ports d'Arinsall et de Rat.

Un pâtre, le béret fièrement posé sur la tête, la *capète* sur l'épaule, nous regarde monter, appuyé sur son grand bâton de noisetier : son chien est à ses pieds. « Salutos. — Où allez-vous? — Au pic de Médocourbe. — Il vaut mieux passer par le port de Bouet et monter le pic par l'Espagne. — Est-ce beaucoup plus long? — Oui. »

Cette consultation entendue, avec Pierre nous décidons de monter plus rapidement par le col de

Médocourbe. « On peut monter par là ? — Oui. » — Tous ces pâtres ariégeois indiquent en général des chemins invraisemblables aux touristes. Ils en voient peu, et ont un profond mépris pour leurs capacités alpines ; aussi leur font-ils faire toujours des détours extraordinaires de manière à leur indiquer les chemins les meilleurs. Nous n'irons donc pas au port de Bouet, mais nous prendrons le port de Médocourbe, qui s'ouvre entre deux masses rocheuses importantes. L'une, située à droite, est un cône de rocher fièrement campé, à silhouette élégante, qui a très grand air ; l'autre, à gauche, est beaucoup plus trapue ; c'est une masse peu découpée, mais qui tombe en à-pics impressionnants.

Nous montons tout d'abord à l'Étang de Médocourbe enfermé dans un joli cirque de rhododendrons et de neige, dominé par des rochers imposants noirs et micacés. Nous faisons la halte du matin dans ce site, à côté d'une source très fraîche ; halte très courte, car la journée doit être longue, et il ne faut pas perdre de temps.

Le port s'ouvre devant nous, au haut d'un étroit couloir raclé par l'avalanche ; ce couloir sépare les deux masses rocheuses décrites plus haut ; le fond en est occupé par de la neige, des blocs de granit et des traînées de sable ; les parois, de chaque côté, se découpent en une infinité de cheminées, de dentelures, d'obélisques de granit : tout cela n'a pas l'air très facile. Des corbeaux de rochers s'envolent autour de nous, poussant des cris aigus qui seuls, avec les pierres que nous faisons rouler sous nous, troublent le silence de cette haute région.

A 9 heures et demie, nous sommes au haut du port : 2,630 mètres (?). Quelle désolation que ce versant espagnol! Un grand lac très bleu entouré de montagnes formées d'éboulis de pierrailles, et pas le moindre brin d'herbe pour rompre la monotonie de ce rouge brique; c'est excessivement triste, et cela ressemble étrangement à un autre paysage espagnol, vu du haut de la Porteille des Maranges, le pic d'En Gait et les étangs d'En Gourts : mêmes éboulis tout rouges qui donnent l'illusion de terre cuite par le soleil, mêmes étangs bleus, même soleil du Midi, même tristesse et même solitude.

Mais où est le pic Médocourbe, à notre droite ou à notre gauche? Pierre ne le sait pas. Le pic de droite nous semble devoir être ce sommet; il domine l'étang de Médocourbe et le port de ce nom. A noter ici l'insuffisance de la carte d'état-major, qui inscrit pic du port de Médocourbe entre deux cotes, l'une 2,897 mètres à droite, l'autre 2,907 mètres à gauche; puis Roca-Entravesado-Nord et plus bas 2,927 mètres. A quels sommets se rapportent les cotes, et les noms? Dans le doute, faisons le pic de droite; il a une forme trop jolie pour n'être pas tentant. Nous laissons au port les sacs, n'emportant avec nous que les bâtons.

Nous attaquons un couloir d'herbe à pente peu inclinée d'abord, mais qui devient de plus en plus roide quand le rocher succède à l'herbe et qui se termine par un chaos de blocs énormes. C'est par une série d'exercices de gymnastique divers que nous franchissons chaque bloc. Rauzy passe le premier et me donne la main pour aider des rétablissements qui se font sur des pierres plates souvent en surplomb sur le vide. — Rude montée.

Nous arrivons au sommet : une tourelle ! Vite, nous la fouillons pour avoir des documents. Hélas ! rien, pas un nom, pas un indice !... Ce sommet est une crête très peu large formée d'un amoncellement de blocs énormes. D'ici, étudions : à nos pieds, du côté nord, le cirque de Médocourbe, puis les pâturages du port de Bouet, le massif en ruine de la Soucaranne, et par derrière la grande crête de l'Estats ; à l'ouest, très loin, la Maladetta ; plus près, le haut du val Ferrera : des forêts de pins représentées par des sujets isolés disséminés sur des pâturages verts et brûlés ; quelques étangs très bleus tranchent par leur belle couleur sur ce fond très jaune. Le port de Bouet est à nos pieds ; donc nous ne sommes pas sur le Médocourbe, mais sur le pic des Lavans, auquel correspond la cote 2,897 mètres.

Le pic de Médocourbe est donc de l'autre côté du port du même nom, dans cette grande masse rocheuse que nous avons longée en montant : ce qui confirme cette nouvelle manière de voir, ce sont deux grands pics qui élèvent leur tête chauve par derrière et qui forment le massif andorran de la Coma-Pedrosa, le plus haut de la région : 2,945 mètres. Un éperon rocheux qui se détache du Médocourbe, et s'avance vers le sud, nous empêche de bien étudier la topographie des lieux. Il est de bonne heure, nous pouvons continuer notre exploration ; nous allons descendre au port, et de là tâcher de tourner l'éperon rocheux ; ensuite nous aviserons, le côté français étant absolument impraticable.

Au port, nous reprenons nos charges et nous commençons notre mouvement tournant autour du pic. C'est une succession de couloirs qu'il faut franchir ; au bout d'une centaine de mètres, le passage devient terriblement difficile. Nous sommes l'un et l'autre dans le fond d'une cheminée, et nous tenons conseil. Faut-il descendre dans le fond du cirque espagnol, ou faut-il au contraire monter? Évidemment, il vaut mieux monter; mais, de l'endroit où nous sommes, nous ne voyons rien. Qui sait si nous pourrons passer? Nous avons devant nous l inconnu. « Je vais voir, monsieur, si l'on peut monter. — Laisse ici les sacs. »

Au bout d'un quart d'heure, Pierre me fait signe de monter. Je prends le sac et me voici à mon tour en marche. Les prises sont réduites ; la paroi du rocher est verticale et les saillies offertes par la montagne sont furieusement hautes ; il faut alors s'élever en se servant de son genou solidement appuyé au rocher comme point d'appui.

Au bout d'un quart d heure d'exercices de gymnastique variés, je suis avec Pierre sur une brèche facile de l'éperon. Hourra! nous venons de nous retrouver : nous savons maintenant où nous sommes et où nous allons. Devant nous, une vallée d'éboulis se dirigeant dans une direction nord-est, terminée par un col moins élevé que nous, ce qui nous permet de plonger nos regards dans une vallée sensiblement perpendiculaire à la précédente : des forêts de pins me la font reconnaître pour la vallée d'Arinsall; donc nous sommes sur les flancs du Médocourbe. Nous n'avons qu'à prendre la première cheminée rencontrée pour monter au sommet.

Il est midi, il faut déjeuner; nous nous livrons à cette opération sur un espace de 2 mètres carrés, mal installés, la pente ne nous permet pas de prendre toutes nos aises. Nous sommes ici en Espagne; la frontière entre l'Andorre et l'Espagne est un peu plus loin et n'aboutit pas, comme l'indique la carte, au pic de Médocourbe.

A une heure, nous continuons notre course en montant droit devant nous. Mais, au moment d'arriver au sommet, j'entends un cri de déception dans la bouche de Pierre; il est à l'arête et l'on ne passe plus; deux *gendarmes* de granit noir l'encadrent; à dix mètres de lui, sur la droite, il y a un pic et une tourelle. « Par ici on ne passe pas. — Laissez-moi voir. » — Me hisser à côté de lui n'est pas chose commode; pourtant j'y parviens. Quel spectacle effroyable! Devant nous des schistes noirs et glissants descendent tout droit et se perdent dans le ressaut de la pente; à côté de nous, des *gendarmes* formidables dessinent fièrement leurs silhouettes et défendent l'approche du pic de ce côté. « Bon! Demi-tour. » — Maintenant je donne cet ordre tout joyeux, car je suis sûr du succès. Nous redescendons donc quelques mètres, juste ce qu'il faut pour pouvoir passer dans un couloir voisin que nous montons sans difficulté, et à 2 heures, nous sommes au sommet.

Là, nous trouvons une tourelle toute petite et très basse : c'est la tourelle élevée en 1883 par M. Gourdon quand il est venu visiter ce sommet en descendant de la Coma-Pedrosa. Cette tourelle est aplatie par la foudre; nous la réparons. Pendant ce travail, notre regard se promène sur tout le paysage qui s'étend devant nous : la vue est sensiblement la même que celle du Pic des Lavans. A signaler pourtant une très longue étendue de crêtes qui se détachent vers l'est et forment les crêtes dites du Recofred. « Si nous les suivions? Cela nous permettrait de passer une journée entière aux hautes altitudes. »

Aussi, après dix minutes de repos, nous nous remettons en marche en suivant cette longue ligne rougeâtre presque horizontale qui se profile devant nous avec ses dentelures et ses pierrailles, produits de la décomposition de la montagne.

Un petit col anonyme peu prononcé, et puis ensuite une large crête appelée crête Intermédiaire : 2,880 mètres (?). C'est de ce point que se détache une crête beaucoup plus basse, qui court dans une direction sud et forme la frontière entre l'Andorre et l'Espagne. Nous sommes donc au point de contact de trois pays distincts : la France, l'Espagne et l'Andorre : pas un signe extérieur pour nous l'indiquer; rien que la chaîne elle-même des grandes Pyrénées!....

Arrivés à ce point, la crête que nous suivons présente un col assez marqué et remonte très rapidement ensuite à un grand pic de schiste rouge dont le versant sud se trouve encombré de traînées de pierrailles. « C'est un pic pourri, dit Pierre. » Son rocher nous semble en effet absolument décomposé. Un seul bloc détaché en détache une multitude d'autres, et cette avalanche de pierres roule indéfiniment depuis le haut jusqu'en bas, arrivant en poussière : une poussière de pics! C'est une ruine gigantesque, une de ces ruines comme seule la montagne peut en offrir.

Comment aborderons-nous ce pic? par le nord? Inutile d'y songer; ce versant est formé par les masses rocheuses qui, vues du bas, ressemblaient à des facettes lisses de cristaux, et qui d'ici ne paraissent guère praticables. Restent les trois autres côtés; le côté ouest est formé d'une arête qui se relie à celle sur laquelle nous sommes; cette arête semble effroyablement tranchante, et puis, est-elle solide? le côté sud, lui, est formé de cheminées remplies de pierrailles. Pierre voudrait tourner le pic, couper ce versant et aller essayer le côté est; moi, je suis d'un avis différent : « Attaquons le côté ouest; en tout cas, allons jusqu'au col. »

Nous longeons maintenant le pied de l'arête, traversant la multitude des couloirs qui arrivent jusqu'à elle; la marche est très lente; il nous faut prendre énormément de précautions, vu le peu de solidité des saillies et des corniches. Nous ne parlons pas, mais nous sondons avec nos bâtons tous les endroits où nous plaçons les pieds et tâtons avec les mains toutes les saillies, avant de nous y fier. Souvent elles cèdent à la moindre pression, mais quelquefois elles ne s'effondrent que quand elles ont à supporter une partie de notre propre poids, et vont s'engloutir au-dessous de nous dans le vide. Nous entendons le bruit de leur chute qui monte lugubrement jusqu'à nous; nous les voyons rebondir de rochers en rochers jusqu'au moment où, décrivant des paraboles superbes, elles se perdent derrière les ressauts

CRÊTES DU RECOFRED

de la pente. Tous ces bruits trouvent en nous un écho profond et font vibrer nos cœurs, car ils sont pour nous un avertissement; nous apprenons ainsi le chemin que nous suivrions si l'un de nous venait à glisser. Aussi, avant de déplacer un pied, une main, nous assurons-nous que d'autre part nous sommes solides.

Au col, nouvelle discussion pour attaquer ce pic du Recofred, chacun de nous tenant à son idée. « Enfin, puisque vous le voulez, essayons la crête. »

Tout d'abord cette crête est suffisamment large pour nous permettre une marche facile ; mais, au bout d'une centaine de mètres, elle se réduit brusquement, ne nous offrant plus qu'une arête de $0^m,50$. « Attendez-moi, je vais chercher un passage au-dessous. » Je deviens anxieux, car j'ai toute la responsabilité de la course, ayant imposé cet itinéraire malgré l'avis contraire du guide. Dieu ! si une catastrophe allait se produire ! Je vois Pierre tâter avec précaution de la pointe de son bâton une pierre plantée verticalement ; il essaie de l'ébranler, mais en vain ; il se décide donc à descendre le long de cet obélisque ; pour cela, il se sert de deux saillies de quelques centimètres, puis je le perds derrière le rocher et je ne vois plus rien ; mais j'entends des pierres tomber dans le vide et je comprends qu'il avance. Quelles minutes cruelles pour moi ! Combien ces bruits de pierres qui tombent me font tressaillir ! Enfin je le vois paraître de l'autre côté d'une cheminée qu'il a traversée. « On peut passer, crie-t-il, mais ce n'est pas beau. Regardez si vous oserez, car je ne puis pas vous aider. »

En effet, le passage n'est pas beau ; tout d'abord, ce sont les deux marches sur la pierre branlante, marches excessivement étroites sur le côté d'une face plane presque verticale ; au-dessous, 200 mètres de vide ; puis c'est une grande enjambée pour franchir une cheminée qui fuit avec une pente vertigineuse. Cela encore ne serait rien si le rocher qui doit servir de prise aux mains ne se trouvait en surplomb de l'autre côté du couloir !... Mon cœur bat bien fort : je sens mes tempes se mouiller d'une sueur froide. Mais, heureusement, tout se passe bien et, quand j'arrive de l'autre côté dans les bras de Pierre, je suis reçu par ces deux mots : « C'est bien cela, biettasé ; ce n'était pas beau ! »

Puis, le chemin devient meilleur pendant quelques mètres, mais de nouveau les difficultés surgissent ; il n'y a plus qu'un parti à prendre : enfourcher la crête et arriver au pic à cheval en avançant avec les poignets. Aussitôt dit, aussitôt fait ; mais nos bâtons nous gênent singulièrement pour ce genre de progression...

Nous arrivons ainsi au sommet. C'est une plate-forme triangulaire de quelques mètres carrés, qui, du côté nord, est limitée par des à-pics impressionnants : une suite de couloirs qui tombent entre des arêtes tailladées en obélisques. Pas de trace de tourelle ; nous en construisons une. Le baromètre donne 2,850 mètres. Il est 4 heures.

A peine la tourelle est-elle construite, que nous reprenons notre marche, presque sans arrêt, pour faire le dernier piton de la crête au-dessus du port de Las Bareytes. Piton facile, qui porte une tourelle 2,780 mètres. Il est 5 heures. Là, nous donnons un dernier coup d'œil au paysage que nous avons eu à peu de chose près sous les yeux pendant toute la journée. Nous l'avons vu rouge éclatant, éclairé par les premiers rayons du soleil; maintenant nous le voyons passer du rouge à

CRÊTES DU RECOMED

l'orangé sous ses derniers rayons. Ce soir-là, il nous semble grandi. Les rochers s'allongent indéfiniment et tranchent en teintes de plus en plus douces sur le ciel illuminé. Puis, nous disons un dernier adieu à cette haute région, à ces pics tout nus que nous avons en face de nous et qui montent jusqu'à 2,900 mètres. Que de jolis noms! pic de la Coma-Pedrosa! pic de Vallagua! pics de Las Bareytes!...

De ce dernier piton qui fait partie du Recofred, mais qui n'a pas de nom, nous atteignons sans difficulté le port. Nous le descendons très vite dans des éboulis de poussière et de pierrailles qui suivent notre mouvement : on va très vite ainsi, on glisse avec toute la masse. Puis quelques taches de neige, de l'herbe et des rhododendrons, et nous sommes en bas. Nous nous retournons alors vers ces hautes régions dans lesquelles nous laissons une partie de nous-mêmes; nos tourelles se voient et se dessinent au-dessus des crêtes. Combien de temps resteront-elles ainsi avant d'être abattues par la foudre ou le vent? Bien peu, sans doute; elles passeront vite comme l'homme lui-même, comme tout dans le monde...

Il est 6 heures. Nous disons un dernier adieu à ces hautes régions et nous descendons avec la satisfaction de gens qui ont bien rempli leur journée. L'un et l'autre nous sommes joyeux, grisés par un séjour prolongé aux hautes altitudes et plusieurs heures passées en face du danger. La nuit tombe autour de nous; nous nous retournons avant qu'il fasse tout à fait noir, pour revoir encore une fois ces rochers étranges et cette neige blanche que nous avons foulés aujourd'hui.

A 7 heures et demie, avec la nuit, nous arrivons aux *orrys* de Soulcem : nous y couchons une seconde fois, et y étendons de nouveau nos membres fatigués sur leurs lits de pierre. Nous garderons ainsi plus longtemps le contact de la montagne.

Le lendemain nous rentrons à Vicdessos, encore pleins de nos émotions de la veille.

PICS DE L'ÉTANG FOURCAT

(2,862 mètres.)

Le 1er septembre 1900, j'étais de nouveau à Vicdessos avec l'intention de faire une course du côté de l'étang Fourcat. « Quel pic pourrait-on faire dans cette région ? — Nous pourrions faire le pic de l'étang Fourcat, si monsieur veut, me dit Pierre Rauzy. — Bon. — Nous irons coucher aux orrys de Pauseplane, de là nous ferons le pic, puis nous reviendrons par l'étang d'Izourt. — Entendu. » Nous faisons donc nos sacs pour cette ascension et nous voici de nouveau sur la route de Soulcem.

Arrivés au Plat de Soulcem, nous quittons le thalweg de la vallée pour prendre à gauche et monter une pente d'herbe très rapide. Nous dînons chemin faisant, juste en face du débouché de la vallée du Rioufred, que nous voyons très mal à cause de la nuit qui tombe. Quelques taches de neige, amenées jusqu'au ruisseau par l'avalanche et non encore fondues, nous indiquent approximativement le lit du torrent. Un pâtre s'est tué hier sur la plus basse d'entre elles, laissant orphelins ses enfants en bas âge : il voulait la traverser et a glissé; pourtant l'endroit n'est pas mauvais et cet homme n'était pas un novice : une nouvelle victime de la montagne à ajouter à la liste déjà bien longue de celles qui existent déjà. On dirait que la montagne veut se venger des visites et des témérités de l'homme. Mais, s'il lui faut du sang, pourquoi frappe-t-elle ainsi en aveugle ceux qui ont besoin de vivre?...

Il fait nuit quand nous arrivons aux cabanes. C'est à peine si nous les distinguons. Le pâtre n'est pas encore descendu. Nous le hélons et il nous répond par un long sifflement. « Soyez les bienvenus, » nous dit-il dès qu'il est arrivé. C'est un vieillard à type pyrénéen caractéristique; au lieu du béret, il porte la *bonnette*, un bonnet phrygien de laine brune, coiffure des vieux depuis un temps immémorial.

Nous entrons et nous nous installons auprès du feu pendant que le propriétaire du logis prépare sa soupe, qu'il mange devant nous dans une écuelle en bois : puis on s'installe pour la nuit.

Le lendemain, nous partons à 5 heures un quart; le baromètre donne 1,940 mètres. Les cabanes de Pauseplane sont accrochées sur le flanc de la vallée de Soulcem et sur un versant à pente très rapide; aussi commençons-nous immédiatement une montée sérieuse. Un ruisseau coule en cet endroit, mais dans un thalweg à peine prononcé ; il se partage bientôt en deux; nous suivons la branche de gauche. Au-dessus de nous, quelques pointements rocheux qui se détachent très mal de la crête vers laquelle nous montons. Ce sont là les pics de l'étang Fourcat, pics dont l'ascension paraît d'ici monotone et semble devoir manquer d'attraction. Derrière nous, en revanche, une vue superbe sur le Médocourbe, le Recofred, les massifs de la Soucaranne, de l'Estats, du Montcalm. C'est l'un des meilleurs

CONTREFORTS DU PIC DE MALCARAS
Pris de l'étang Fourcat.

endroits que je connaisse pour étudier cette haute chaîne; les pics ressortent tous très nettement avec des formes élégantes, et paraissent tous d'ici très élevés; ils donnent l'impression de très hautes altitudes.

A mesure que nous montons, la pente devient de moins en moins prononcée; elle finit même par une espèce de plateau tout parsemé de pierrailles; c'est la Plaine de l'étang Fourcat. Dans un creux, une tache de neige à moitié fondue donne naissance à une petite flaque d'eau qui a été décorée du nom d'étang : nom bien pompeux pour cette vulgaire mare.

Nous arrivons pourtant à la crête : à nos pieds et devant nous, l'étang Fourcat superbe, idéalement vert, dans lequel vient se mirer une grande masse rouge à éboulis de pierrailles coupées par des arêtes rocheuses et de la neige blanche : c'est le pic de Tri-Stagnes; 2,879 mètres. De ce pic se détache une crête qui ferme au sud le cirque de l'étang Fourcat et vient se prolonger jusqu'à notre droite par un pic, le pic de l'étang Fourcat : 2,862 mètres. Cette crête se continue à notre gauche et forme une croupe sur l'extrémité de laquelle nous voyons se dresser un pointement rocheux. « Comment appelle-t-on ce pic? — Je ne sais pas au juste; je l'ai entendu appeler aussi pic de l'étang Fourcat. » C'est le point coté 2,850 mètres à la carte. Nous irons donc voir les deux pics de l'étang Fourcat.

D'abord, nous nous dirigeons vers le pic de droite, nous prenons la crête formée de blocs de granit placés les uns sur les autres et dans des positions diverses; quelques-uns même, vu leur inclinaison et leur surface lisse, donnent lieu à des passages émouvants. De chaque côté de nous, le vide, surtout du côté ouest; des couloirs, des cheminées, des obélisques et des aiguilles partout sur ce versant. Le versant est paraît tout aussi abrupte, mais quelques corniches herbeuses y coupent les cheminées et les couloirs, et permettent le passage.

9 heures un quart : sommet du pic, sur lequel nous sommes arrivés insensiblement; c'est un chaos de granits énormes. Du côté est, l'étang Fourcat et le pic de Tri-Stagnes; puis, la crête frontière andorrane, crête dont nous suivons le développement jusqu'au grand pic de Rialp; elle est très étroite sur ce parcours et ses pentes sont excessives, même aux deux ports de la région : le port Vieux et celui de l'Albelle. Au sud-ouest, s'étend à quelques centaines de mètres au-dessous de nous le plateau de Caraoussans, tout jaune et brûlé, couvert de petits étangs aussi tristes que les pâturages qui les entourent; puis la crête frontière et le haut de la vallée d'Ordino, dont nous apercevons la forêt de pins. Ces forêts andorrannes tranchent singulièrement par leur couleur sombre sur le vert jaune des pâturages; elles font un effet étrange : nous sommes si peu habitués sur le versant français à voir des forêts! Derrière nous la haute vallée de Soulcem, et par derrière, bien loin, se confondant presque avec le bleu du ciel, la blanche Maladetta.

Le retour au col se fait par les corniches du versant est, — quelques mauvais pas. — Un grand aigle, dérangé par cette visite insolite de l'homme, s'enlève en tournoyant presque sous nos pas, majestueux et superbe. Bientôt nous sommes de retour au col, d'où nous repartons aussitôt pour l'autre pic de l'étang

Fourcat. Montée d'abord sur une croupe arrondie couverte de pierrailles, puis sur un pointement rocheux vite escaladé. Ce pic domine sur le côté sud une série de précipices; c'est le point de départ d'une longue suite de crêtes rocheuses à aspect sévère et qui, vues d'ici, n'ont pas l'air commode. Quelques tourelles sur quelques pics; des *gendarmes* et des obélisques nombreux noirs ou roses; très peu de traînées d'herbes, mais des rochers et toujours des rochers.

Parmi ces pics sans noms, il y en a un, paraît-il, entouré de tous côtés par un précipice. Autrefois on pouvait le gravir; actuellement il est infaisable : la pierre qui servait de pont s'est effondrée; cet effondrement s'est produit l'année dernière. C'est ainsi que telle ascension, facile aujourd'hui, sera devenue difficile quelques années plus tard parce que les pierres qui servaient à s'accrocher auront disparu. Journellement le montagnard assiste à ces cataclysmes qui bouleversent la montagne et qui sont un pas de plus dans le cycle d'évolution vers lequel tout tend dans le monde.

Outre ces crêtes très hardies et une échappée sur le massif de Malcaras, la vue est la même que celle déjà signalée.

Nous revenons donc au col où nous avions laissé les sacs. De là, nous descendons sur une pente herbeuse vers le grand étang Fourcat, en passant entre cet étang et l'étang de l'Oussade. Nous nous installons pour déjeuner sur des rochers auprès d'une source. Il est midi et demi. Devant nous, le grand pic de Tri-Stagnes, rouge et blanc, domine l'étang Fourcat,

GRAND ÉTANG FOURCAT

dont les eaux vertes sont une note gaie pour ce paysage : elles ressortent violemment sur le rouge des traînées de schistes, sur le gris des chaos de granit, sur le vert jaune des herbes brûlées ou des rhododendrons, sur le blanc des taches de neige. Il est délicieux, ce repos, après la promenade de la matinée : on n'entend aucun bruit ; on n'aperçoit aucune trace d'être vivant ; on se sent étrangement loin et perdu dans ce beau cirque pyrénéen.

Puis nous continuons notre course, qui sera désormais, une simple promenade : il est une heure et demie. Nous longeons le grand étang jusqu'à son déversoir et, avant de quitter cette belle eau verte, nous nous retournons pour lui dire un dernier adieu et regarder une fois encore ce cirque que probablement nous ne reverrons plus ; cette grande masse d'eau se plisse soudain, elle blanchit et l'émeraude devient de l'argent...

Voici le petit étang Fourcat, tout petit par rapport au grand, mais non moins sauvage. Une cabane, l'*orry* de l'étang Fourcat, est construite sur ses bords. Le pâtre qui l'habite sent-il toute la grandeur du paysage qu'il a ainsi journellement sous les yeux ?

Maintenant, nous suivons un chemin de troupeaux, chemin bien mauvais et particulièrement abrupt, pour descendre le ressaut qui étaye cette haute région. Autour de nous, une succession de rochers qui montent de chaque côté très haut et ont des silhouettes très hardies.

Nous arrivons ainsi aux *orrys* de la Claudière, cabanes situées dans un petit bassin très vert à côté d'une source délicieusement fraîche, au débouché d'une gorge qui mènerait à la frontière. Quel contraste de couleur, ce vert et ce rouge!... Puis, après un nouveau ressaut, voici l'étang d'Izourt, le dernier des étangs que nous trouverons aujourd'hui, presque à la porte du monde habité : pourtant il ne manque pas de grandeur, cet étang, avec les masses de l'Aspre et de Peyrot sur son côté droit, les rochers qui conduisent au port de l'Albelle dans le fond ; c'est une cuvette très plate entourée de pâturages verts sur lesquels sont disséminées, comme des taupinières géantes, de nombreuses *orrys*.

Le soir tombe lentement ; le soleil n'éclaire bientôt plus que le sommet des pics ; le fond des vallées rentre dans l'ombre, la nature entière semble se recueillir avant de se plonger dans le silence de la nuit. L'étang prend une teinte vert foncé, mais il garde pourtant la transparence des eaux pyrénéennes quand elles reflètent un temps calme. Quelle tranquillité dans ces hautes régions! Aucun autre bruit que celui des troupeaux qui rentrent, des pâtres qui s'appellent d'une cabane à l'autre avec des cris perçants, mais d'une intonation très douce pourtant, et des truites qui viennent happer les mouches à la surface de l'eau, formant des ondes concentriques à éclat d'argent.

Nous prenons ensuite la vallée d'Artiès, ainsi nommée du hameau important qui se trouve à son débouché ; nous suivons maintenant un chemin muletier qui longe le torrent et qui nous descend rapidement au milieu des prairies et des champs jusqu'à la vallée d'Auzat. Là, je dis adieu à Pierre, que je renvoie chez lui à Marc, et je prends tout le chargement trer à Vicdessos.

PETIT ÉTANG FOURCAT

Il est 7 heures quand je traverse Auzat, et quelques minutes après, j'arrive à l'hôtel Arsène. Le bruit de la vie humaine me paraît étrange alors. Oh! combien j'étais s les hautes régions, dans ces hauts cirques ignorés, loin du bruit et du monde, perdu dans la contemplation muette de la grande nature, de la nature sauvage et grandiose qui impressionne parce qu'elle crie éloquemment le néant de notre monde et le peu de durée des choses.

Et maintenant, quand je relis ces notes, je vis de nouveau cette vie des hautes régions; — je revois ces grands champs de neige monter solitaires bien loin et bien haut, ces rochers de schiste et de granit, rouges ou gris, se profiler superbement sur un ciel d'un bleu profond, ces petits lacs de sommets, aux eaux si transparentes, bleus ou verts, suivant l'état du temps, briller comme des pierres précieuses enchâssées dans leurs cirques rocheux, ces pâturages vert clair ou vert jaune, suivant la saison; — je respire à nouveau cet air pur non encore souillé par d'autres; — je me replonge dans les grandes pensées que font naître en moi ces spectacles grandioses de la contemplation de la nature sauvage de la haute montagne... — et j'aime davantage cette région des grandes Pyrénées!...

TABLE DES MATIÈRES

PARIS. TYP. PLON-NOURRIT ET Cie, 8, RUE GARANCIÈRE. — 2224.

PARIS

TYPOGRAPHIE PLON-NOURRIT ET Cie

Rue Garancière, 8.

www.ingramcontent.com/pod-product-compliance
Ingram Content Group UK Ltd.
Pitfield, Milton Keynes, MK11 3LW, UK
UKHW021827190726
13853UKWH00003B/1231